短线
制胜法宝

韦铭锋◎著

经济管理出版社
ECONOMY & MANAGEMENT PUBLISHING HOUSE

图书在版编目（CIP）数据

短线制胜法宝/韦铭锋著. —北京：经济管理出版社，2018.6
ISBN 978-7-5096-5762-1

Ⅰ. ①短…　Ⅱ. ①韦…　Ⅲ. ①股票交易—基本知识　Ⅳ. ①F830.91

中国版本图书馆 CIP 数据核字（2018）第 082673 号

组稿编辑：勇　生
责任编辑：勇　生　王　聪
责任印制：黄章平
责任校对：陈　颖

出版发行：经济管理出版社
　　　　　（北京市海淀区北蜂窝 8 号中雅大厦 A 座 11 层　100038）
网　　址：www. E-mp. com. cn
电　　话：（010）51915602
印　　刷：三河市延风印装有限公司
经　　销：新华书店
开　　本：720mm×1000mm/16
印　　张：16.5
字　　数：287 千字
版　　次：2018 年 8 月第 1 版　2018 年 8 月第 1 次印刷
书　　号：ISBN 978-7-5096-5762-1
定　　价：48.00 元

前　言

股票短线的操作技术和方法很多，在众多的方法中找到一个既适合自己，又能降低风险的方法并不容易！

股市里最不缺的是机会和规律，最缺的是探索规律以及耐心。

经过多年的测试和实战，渐渐发现短期行情中一些固定的行情模式。

这些模式是以百分比反转为主要形态，对其进行统计分析后，提炼出几个较稳定可靠的形态以供广大投资者参考应用！

1. 六新低模式

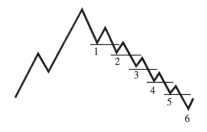

频繁而较大震荡幅度的下跌，震仓概率较大，有其他指标同步则是震仓结束，可以买入捡到便宜价！

2. 五新低模式

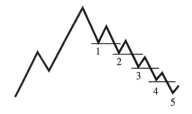

较之前六新低模式少一次下跌，这是因为震仓提前结束，必有其他指标的背离信号出现！捡到便宜价不是难事！

3. 二次深跌模式

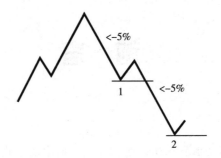

之前说的六新低、五新低模式，单次下跌波段的幅度不大，一般不超过5%的跌幅，超过了就算是深跌！对短线投资者来说，下跌5%差不多触及了大多数人的止损心理防线！所以第一次深跌，能洗出一部分持股信心不足的投资者！第二次再深跌则被洗出局的投资者更多，这样后续行情才能涨得更高更快！所以我们选择在这时买入！

4. 类二次深跌模式

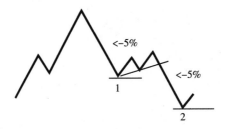

与第二次深跌模式同理，只是第一次深跌和第二次深跌之间有一个时间给投资者喘息，有力地打击了持股者的信心！继续深跌5%以上，足以吓退大多数短线投资者！我们就选择在大多数人不看好的时候买入！

……

所以这四个模式都能抓到波段的相对低点，而且又能很好地卖在波段最高点！风险又比其他指标或技术降低很多！称其为"法宝"并不为过！

目　录

第一章 指标基础

百分比（ZIG）转折指标是用于判断行情是否有一定幅度反转度的指标，如图 1-1 所示。

图 1-1　ZIG 指标

当股价有了一定幅度的转折后，指标会在相应位置做出标记。

下面我们介绍一下这种百分比转折指标。

一、什么是反转百分比

反转百分比，就是以百分之多少作为反转的起点。如果股价反转（向上或向下）超过了该百分比值，就算其反转。如果一直未能超过该百分比值，则一律不视作反转。

50%反转是指股价向上或向下的变动幅度超过50%，则视其为反转，反转幅度不足50%时则不视作反转，如图1-2所示。

图1-2 50%反转

20%反转是指股价向上或向下的变动幅度超过20%，则视其为反转，反转幅度不足20%时也不被视作反转，如图1-3所示。

图1-3 20%反转

10%反转是指股价向上或向下的变动幅度超过10%，则视其为反转，反转幅度不足10%时则不被视为反转，如图1-4所示。

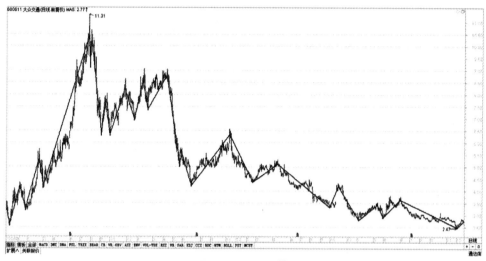

图1-4 10%反转

从图1-2~图1-4可以看出，反转百分比设置得越大，反转的次数越少；相反设置的百分比越小，反转的频率则越高。

本书全部用每根K线的最低价作为评判百分比反转的基准，价格向上或向下反转，都必须以最低价进行评判。

下面我们举个例子进行说明什么是反转百分比。

假设一段下跌之后，股价进入了低点，当时的最低价格称为最低价，我们今后所有的计算都以该最低价为准计算，如图1-5所示。

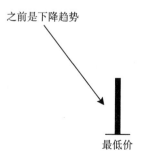

图1-5 找到一个波段低点

经过一段时间后，股价在没有下跌的情况下，向上涨并带动了最低价也抬高了近5%。这时如果我们以50%的百分比反转来看的话，5%的变动可以忽略不计。如果是以20%的百分比反转来看的话，也可以忽略不计！但是如果我们是以5%或更低的百分比反转衡量的话，那么这次的5%反转已经符合了反转要求，如图1-6所示。

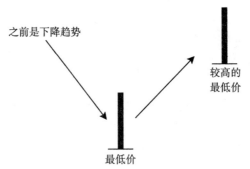

之前是下降趋势

较高的
最低价

最低价

图1-6 股价带动最低价向上涨升

因为变动的幅度不足10%、20%、50%……所以最低点还是此前的最低价，不会因为此次5%的变动就随之变化！但是以5%或更低的反转百分比来看的话，本次的最低点变化已经足够5%了，所以对于5%反转或更低的反转百分比来说，最新的最低价就是新一波的高点（相对于最低价来说，较高的最低价如图1-7所示）。

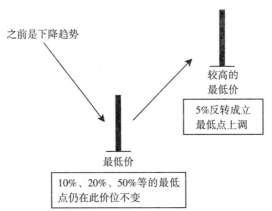

之前是下降趋势

较高的
最低价

5%反转成立
最低点上调

最低价

10%、20%、50%等的最低
点仍在此价位不变

图1-7 变动的幅度不足则波段不变，变动幅度足够则波段移动

如果股价接下来下跌了10%，那么在5%反转看来，就算是反转下跌，而在10%反转看来，股价一直是在下降趋势中，一直没有反弹过。也就是说，我们设置的反转百分比值越低，波段变化越频繁；反之，设置的值越高就越迟钝。因为百分比反转值设置得过大，它就会忽略频繁的小幅度的变动。当然百分比反转值也不能设置得太小，否则就和 K 线没什么区别了。依我们的经验看，波段的反转与否以 2% 反转百分比为妥，然后再以 5% 衡量是否属于深跌或大涨，如图 1-8~图 1-10 所示。

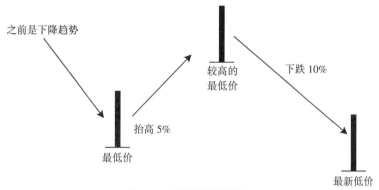

图 1-8　再创更低的新低

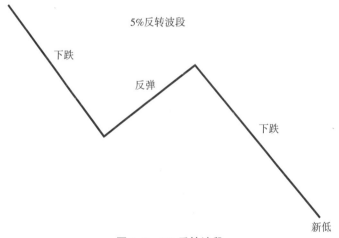

图 1-9　5% 反转波段

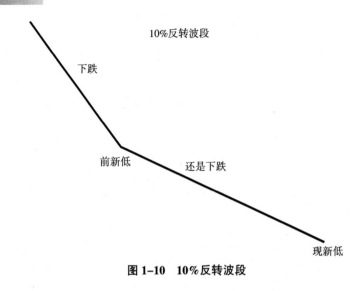

图 1-10　10%反转波段

由于手工计算这些百分比反转有些麻烦，幸好大多数的股票软件都有一个指标，可以标出百分比反转的全部波段变化。这个指标就是 ZIG 指标。

二、什么是 ZIG 指标

ZIG 指标就是以百分比反转为主的波段转折指标，它能够很好地跟踪股价的百分比转折，并连接各个反转点，为我们更好地捕捉波段拐点，并且尽可能地过滤掉一些不必要的股价波动，如图 1-11 所示。

图 1-11 ZIG 指标的 10%反转波段

所用的反转百分比值越小，对波动描述也就越精细，但该值过小也不利于过滤多余的信息。一般我们最低就只用到 2%的反转波段，比 2%还小就没有必要了，如图 1-12 和图 1-13 所示。

那么既然要用到 ZIG 指标，这个指标怎么用、怎么设置呢？

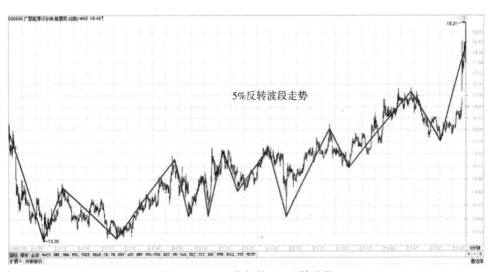

图 1-12 ZIG 指标的 5%反转波段

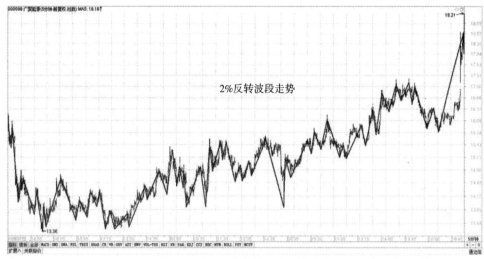

2%反转波段走势

图 1-13　ZIG 指标的 2% 反转波段

三、ZIG 指标的相关参数设置

下面以招商证券股票软件为例，先说明怎样添加一个指标，然后再来设置这个指标，如图 1-14 所示。

图 1-14　股票软件界面

在股票软件的右上角找到"菜单"按钮,用鼠标左键单击,得到一个下拉菜单选项,如图 1-15 所示。

图 1-15 鼠标单击"菜单"

将鼠标箭头移至"功能"项,然后系统弹出另一个菜单选项,如图 1-16 所示。

图 1-16 鼠标指向"功能"选项

再将鼠标箭头移至"公式系统"项,随后系统自动弹出另一个菜单选项,如图 1-17 所示。

图 1-17　鼠标指向"公式系统"选项

在这个选项中我们看到第一条就是"公式管理器"。

用鼠标左键单击它。

进入公式管理器，如图 1-18 所示。

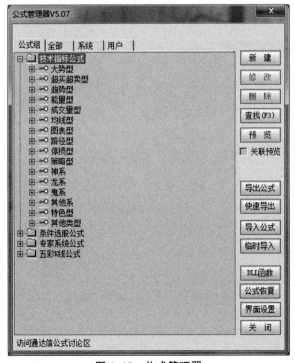

图 1-18　公式管理器

新建一个新的指标，先在"技术指标公式"上单击鼠标左键一次，如图 1-19 所示。

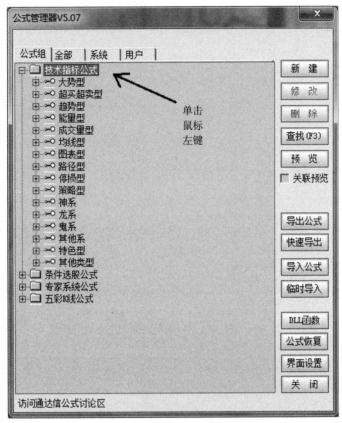

图 1-19　公式管理器，单击"技术指标公式"

单击右侧一栏的"新建"按钮，开始新建和编辑新指标，如图 1-20 所示。

现在我们可以开始编写想要的指标公式了，如图 1-21 所示。

为方便读者，我们以 ABC 来命名这个指标，并在公式名称一栏上填上"ABC"，如图 1-22 所示。

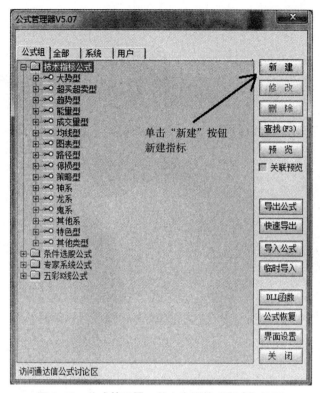

图1-20　公式管理器，单击右侧的"新建"按钮

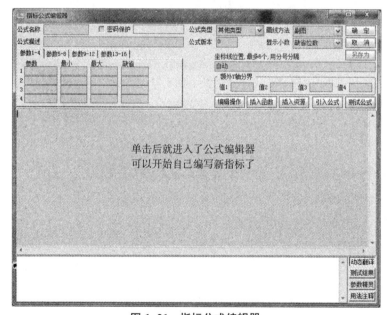

图1-21　指标公式编辑器

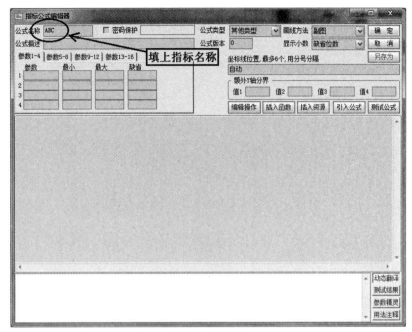

图1-22 填写指标名"ABC"

选择"主图叠加"后，就可以在走势图上不断跟踪波段的拐点走势了，如图1-23~图1-24所示。

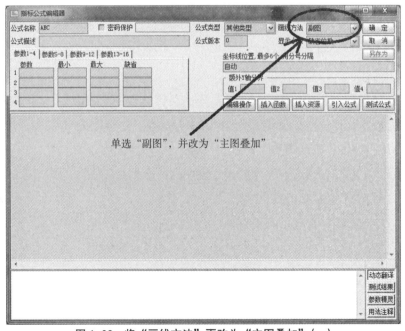

图1-23 将"画线方法"更改为"主图叠加"（一）

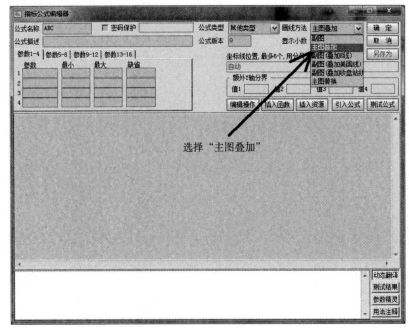

图1-24 将"画线方法"更改为"主图叠加"（二）

接下来我们把代码粘贴进去。

代码如下：

DD：ZIG（2，2），LINETHICK2；

A：=15.28，COLORBLACK；

B：=A*1.02，COLORBLACK。

在这个代码中，DD是用来显示百分比反转波段的。ZIG（2，2）是指以最低价来衡量反转百分比，反转百分比以2%为标准。如果改成ZIG（2，5）则表示5%的反转波段，以此类推。

冒号"："的左边有"="号的话，说明这些数据是不在图上画出来的，如果没有"="则表示会在图上画出线来。

"LINETHICK2"仅表示画粗线。

"A"表示以某个价位为起点画一水平线，用于观察时用。

"B"表示以A为起点时，反转向上2%时的位置线。如果是向下反转的话，就应该将1.02改为0.98，5%反转的话就应该改为1.05或0.95，以此类推。

我们将这些代码复制并粘贴进编辑器，然后单击"确定"按钮后退出编辑器，如图 1-25 所示。

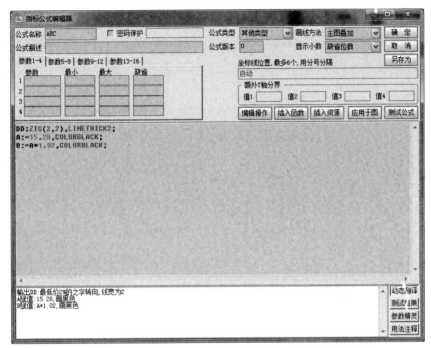

图 1-25　贴入代码，并单击"确定"按钮，然后退出编辑器

以后只要在主图上键盘输入 ABC 就可以调出我们编辑的波段反转指标了，如图 1-26 所示。

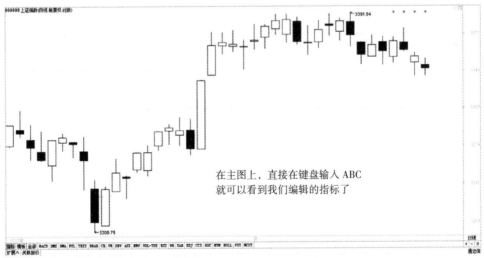

在主图上，直接在键盘输入 ABC 就可以看到我们编辑的指标了

图 1-26　在主图上，键盘输入 ABC 即可调出新指标

输入 ABC 后再按<Enter>键，就可以在主图上看到这个指标的走势了，如图 1-27 和图 1-28 所示。

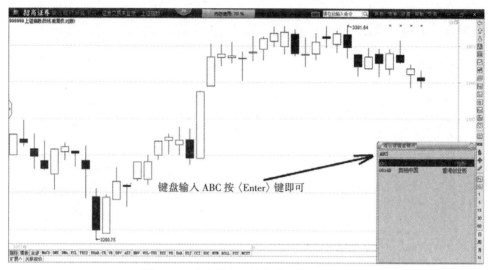

键盘输入 ABC 按〈Enter〉键即可

图 1-27　在主图上，键盘输入 ABC 即可

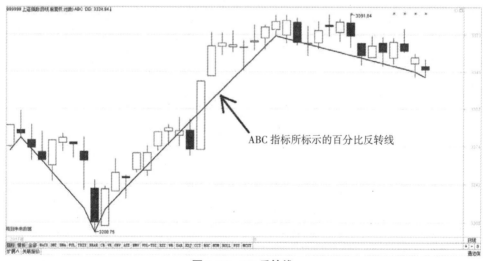

ABC 指标所标示的百分比反转线

图 1-28　2%反转线

今后想要改动指标的话，只需要在波段线上单击鼠标右键，然后再选择"修改当前指标公式"，就可以对指标的内容进行修改，如图 1-29 和图 1-30 所示。

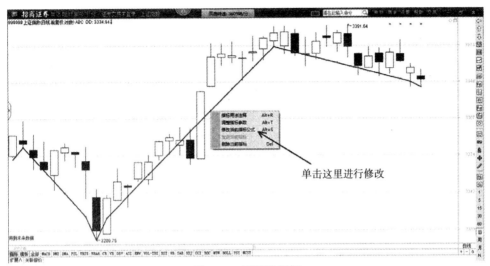

图 1-29　可修改指标

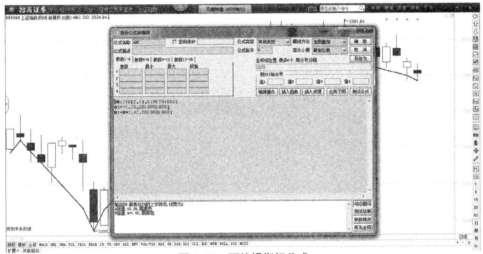

图 1-30　可编辑指标公式

为方便读者使用，本书一致使用下面的参数 L。

（1）一律以最低价作为波段反转的标准价格。

（2）一律以 2% 反转为主要的百分比反转，只跟踪 2% 反转的波段。

（3）深跌模式中，以 5% 作为评判标准。

（4）1.02 倍即向上反转 2%。

（5）1.05 倍即向上反转 5%。

（6）0.98 倍即向下反转 2%。

（7）0.95 倍即向下反转 5%。

……

基本指标和各项设置均已交代清楚，现在可以进入正文了。下面我们将分四章，分别说明四种模式下，怎么跟踪波段并取得不错的利润回报。

第二章　六新低模式

什么是六新低模式呢?

意思是股价在回调或下降趋势中,不断创出2%反转波段的6次新低点,行情之后很大概率会反转上涨。

六新低模式在短线周期下经常能遇到,是一个不错的短线交易模式,如图2-1所示。

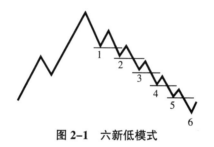

图2-1　六新低模式

买入点:

(1)创出六新低后,反转2%买入。

(2)突破下降趋势线或均线,买入。

(3)以1或2先出现的买入信号为主。

卖出点:

(1)价量背离,卖出三成。

(2)跌破上升趋势线或均线的支撑,卖出三成。

(3)反转波下跌超过2%,卖出三成。

下面用4个案例完整地讲解整个交易过程。

一、山推股份（000680），5分钟走势图

前期股价一直处于上升趋势，对该股关注的投资者需要等待其回调或下跌时再考虑买入，否则追高买入的风险会更高，如图2-2所示。

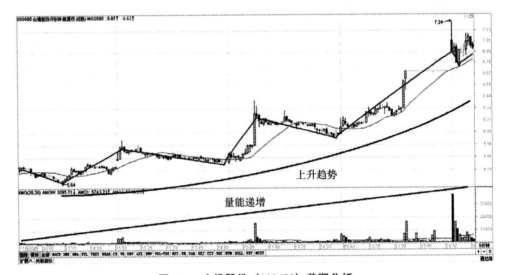

图2-2　山推股份（000680）前期分析

2016年11月15日10：20，当前最高的低点为6.96元，如果未来不再创出新的高位低点时，则需要等待股价跌破2%反转线的6.82元价位，如图2-3所示。

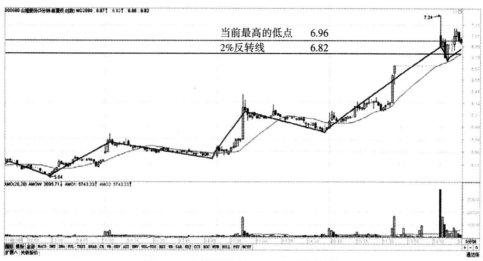

图 2-3　山推股份（000680）分析波段

2016 年 11 月 15 日 11：10，股价再创出新的高点，带动最低点也跟着上移到了 7.05 元价位，2%反转线变为 6.91 元价位，如图 2-4 所示。

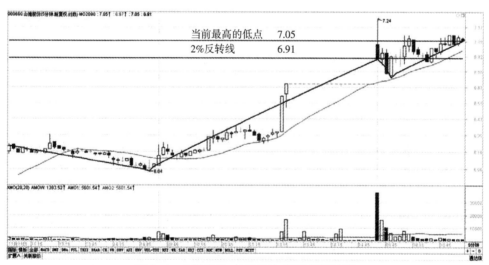

图 2-4　山推股份（000680）股价继续拉高

2016 年 11 月 15 日 11：30，股价最低点曾到达过 6.91 元价位，所以我们确认这次 2%幅度的反转是成立的，如图 2-5 所示。

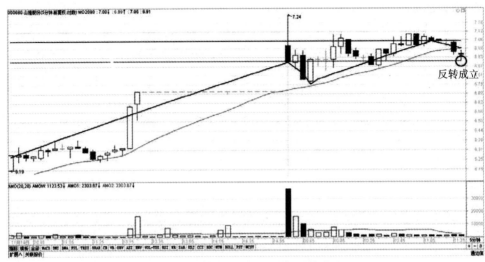

图 2-5　山推股份（000680）反转成立

2016 年 11 月 15 日 13：15，股价创出新的低点，带动最低点也跟着下移到了 6.86 元价位，2%反转线变为 7.00 元，如图 2-6 所示。

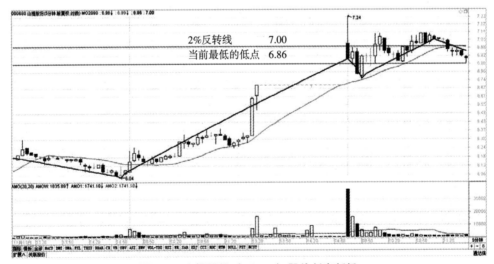

图 2-6　山推股份（000680）股价创出新低

2016 年 11 月 16 日 10：20，股价大幅度回调至 6.54 元。如果股价回涨并带动最低价上涨到 2%反转线之上时，就可以确认模式中的第一个新低成立，如图 2-7 所示。

图 2-7　山推股份（000680）开始回调

2016 年 11 月 16 日 14：30，股价在小幅度的横向盘整后，带动股价上涨，但是幅度不高，不过最低价站在了 2% 反转线之上。确认了六新低模式的第一个低点就是 6.54 元价位，如图 2-8 和图 2-9 所示。

图 2-8　山推股份（000680）六新低模式，第一个低点确认

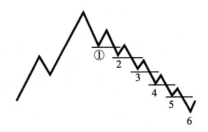

图 2-9　山推股份（000680）　六新低模式完成度

2016 年 11 月 17 日 11：20，股价大幅度回调至 6.4 元。如果股价回涨并带动最低价上涨到 2% 反转线之上时，就可以确认模式中的第二个新低成立，如图 2-10 和图 2-11 所示。

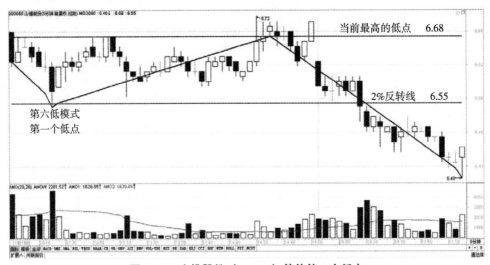

图 2-10　山推股份（000680）等待第二个低点

2016 年 11 月 17 日 14：25，股价大幅回涨至 6.84 元。带动最低价上涨超过了 2% 反转线以上，确认模式中的第二个新低成立，如图 2-11 和图 2-12 所示。

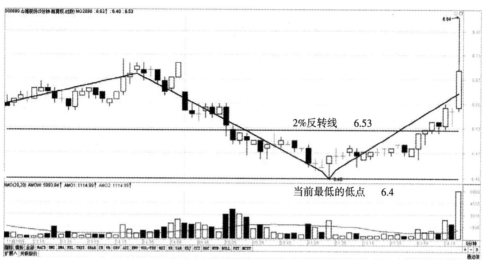

图 2-11　山推股份（000680）第二个低点确认

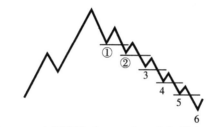

图 2-12　山推股份（000680）六新低模式完成度

2016 年 11 月 23 日 13：30，横向盘整了将近一周时间，只要股价继续向下就有可能再创出新的低点，如图 2-13 所示。

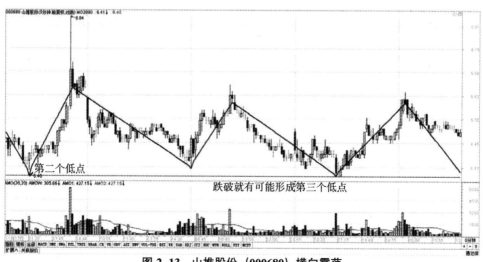

图 2-13　山推股份（000680）横向震荡

2016 年 11 月 24 日 14：00，股价的最低点突破了 2%反转线的压制，确认新六低模式的第三个低点，如图 2-14 和图 2-15 所示。

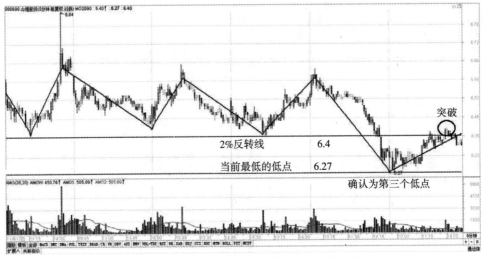

图 2-14　山推股份（000680）第三个低点得到确认

图 2-15　山推股份（000680）六新低模式完成度

2016 年 11 月 25 日 10：10，股价大幅回调至 6.2 元。如果股价回涨并带动最低价上涨到 2%反转线之上时，就可以确认模式中的第四个新低成立，如图 2-16 所示。

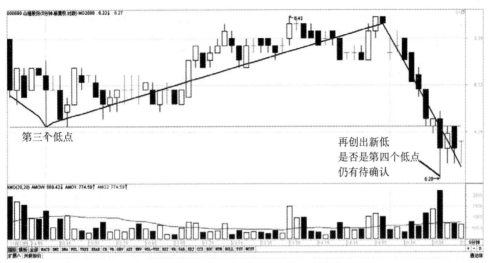

图 2-16 山推股份（000680）再创新低

2016 年 11 月 25 日 13：25，股价上涨带动最低价也突破了 2% 反转线的压制，确认了第四个低点为 6.18 元价位，如图 2-17 和图 2-18 所示。

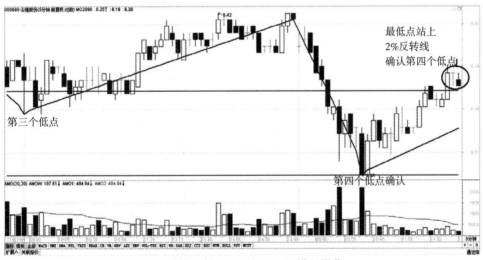

图 2-17 山推股份（000680）横向震荡

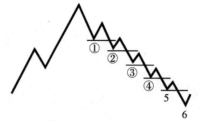

图 2-18　山推股份（000680）六新低模式完成度

2016 年 12 月 7 日 9：50，股价回升一波后，开始大幅回调跌至 5.9 元。如果股价回涨并带动最低价上涨到 2% 以上时，就可以确认模式中的第五个新低成立，如图 2-19 所示。

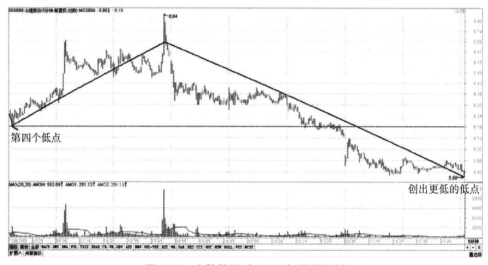

图 2-19　山推股份（000680）再创新低

2016 年 12 月 7 日 14：10，股价上涨带动最低价突破了 2% 反转线的压制，确认了第五个低点为 5.9 元，如图 2-20 和图 2-21 所示。

2016 年 12 月 13 日 9：40，股价连续下跌到了一个更低的价位。此时可以调出均线指标，跟踪并伺机寻找买点，如图 2-22 所示。

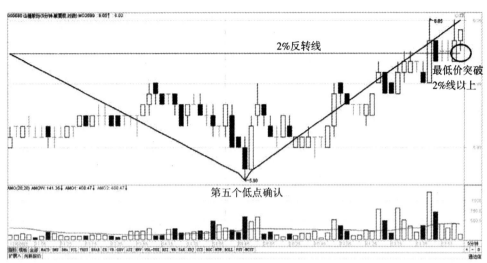

图 2-20 山推股份 (000680) 第五个低点得到确认

图 2-21 山推股份 (000680) 六新低模式完成度

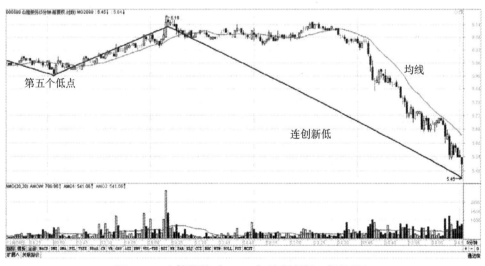

图 2-22 山推股份 (000680) 连创新低, 伺机买入

2016 年 12 月 13 日 10：10，股价上涨带动最低价突破了 2% 反转线的压制，确认了第六个低点为 5.45 元。同时股价也突破了均线的长期压制，说明我们可以买入了，如图 2-23 所示。

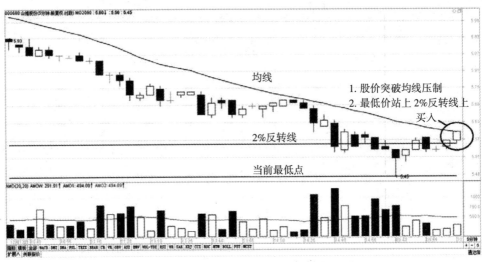

图 2-23　山推股份（000680）买点出现，买入

买入后，以买入价的 0.98 倍价位为止损点。盘中股价若是跌破这条预设的止损线便强制清仓，如图 2-24 所示。

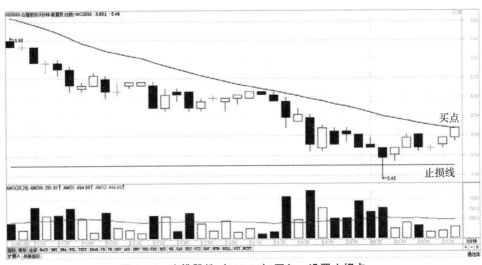

图 2-24　山推股份（000680）买入，设置止损点

2016 年 12 月 13 日 10：25，刚刚买入不久，股价开始回调，还好没有回调太深，止损条件尚未达成，继续持股待涨，如图 2-25 所示。

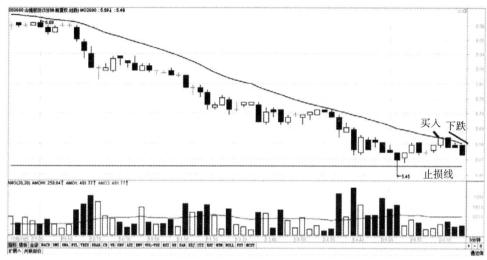

图 2-25 山推股份（000680）买入后开始下跌，继续持股

2016 年 12 月 13 日 10：40，股价又开始上涨，并再次突破了均线的压制。因为出现的价位比买入价更低，如果还有剩余资金的话，这是一个不错的追买时机，摊低买入的总成本，如图 2-26 所示。

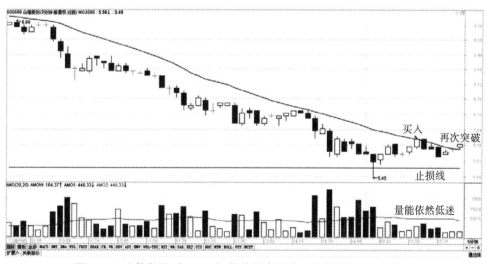

图 2-26 山推股份（000680）股价再次回涨，如有资金，仍可追买

2016 年 12 月 13 日 10∶50，股价再次回调，也是没有回调太深，止损条件也未达到，继续持股待涨，如图 2-27 所示。

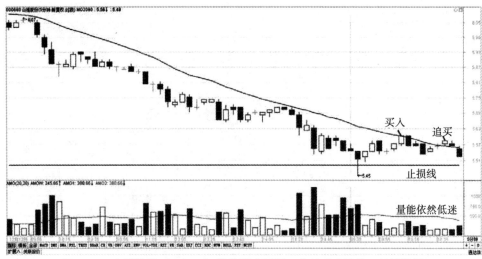

图 2-27　山推股份（000680）股价再次回调，未跌破止损线，持股待涨

2016 年 12 月 13 日 11∶10，股价又开始回调，这次回调似乎遇到了支撑，没有再往下跌。心中画了一条水平支撑线，作为今后的止损线，如图 2-28 所示。

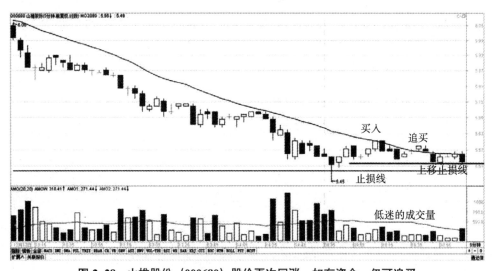

图 2-28　山推股份（000680）股价再次回涨，如有资金，仍可追买

2016 年 12 月 15 日 9：35，股价已经盘整了两个交易日，近期股价又回调至止损点附近，差一点就让我们卖出手中的股票了。可是为什么没有，反而是股价大幅反弹上涨，这说明止损线附近有一个强有力的支撑，这与我们之前的看法是一致的，所以继续持股待涨，如图 2-29 所示。

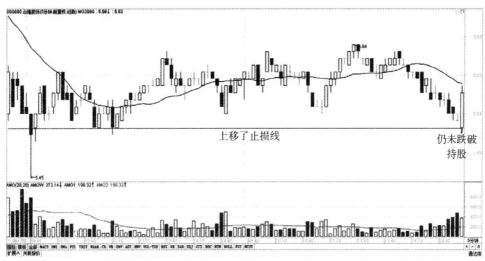

图 2-29　山推股份（000680）横向盘整了数个交易日，耐住性子，继续持股

2016 年 12 月 15 日 11：25，股价已经盘整了多个交易日，整个盘整区间已经很显眼了。等待股价上破区间上延，只有这样才能让我们获利，如图 2-30 所示。

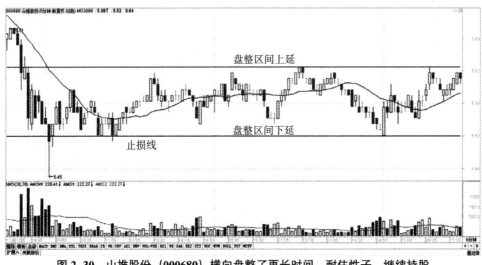

图 2-30　山推股份（000680）横向盘整了更长时间，耐住性子，继续持股

2016 年 12 月 16 日 10：40，股价总算摆脱了多日的盘整行情，开始向有利于我们的方向行进、持股，直到卖出条件被触发，如图 2-31 所示。

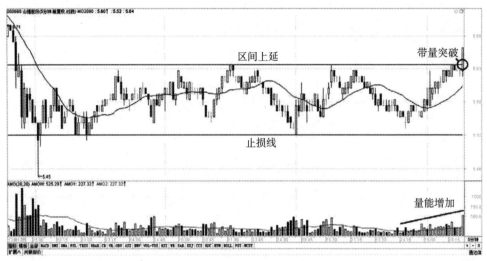

图 2-31　山推股份（000680）熬人的横向盘整即将结束

2016 年 12 月 16 日 10：45，股价再创出新高，并且放出较大的成交量，但是股价却没有上涨很多，后续走势还需要观察，如图 2-32 所示。

图 2-32　山推股份（000680）出现放量，继续持股

2016 年 12 月 16 日 11：25，股价再创出新高，可是伴随的量能明显没有之前创出新高的量能多，这表示上涨动能后劲不足。所以我们按计划行事，先卖出手中持有的三成股票，如图 2-33 所示。

图 2-33 山推股份（000680）出现价量背离，卖出三成

2016 年 12 月 16 日 13：10，股价再创出新高，但是最终没有站于其上，并且量能也没有随之增多，反而逐渐减少。这表示上涨动能着实有限，所以我们再卖出手中持有的另外三成股票，如图 2-34 所示。

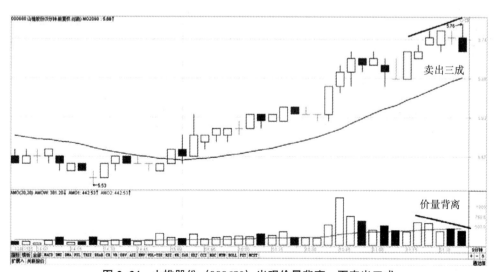

图 2-34 山推股份（000680）出现价量背离，再卖出三成

最后的三成按计划以最先出现的卖出信号为准。

2016年12月16日13：20，股价没能再现强势，反而向下不断下跌，并且跌破了均线的支撑，触发跌破均线卖出的条件。这样，本次六新低模式的交易也就全部结束了，如图2-35所示。

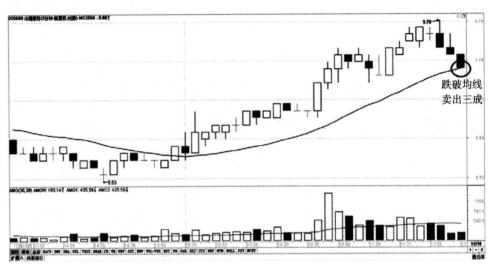

图2-35　山推股份（000680）出现价量背离，最后卖出三成

在第六个低点确认后，股价也向上突破了均线的长期压制，买入的成本价为5.6元。之后三次卖出的价位分别是5.74元、5.72元、5.69元。本次交易整体获利2.1%，如图2-36所示。

图2-36　山推股份（000680）六新低模式全程交易

才 2.1%！有的投资者不甘心，熬了这么久才赚到这么一点利润？！其实不然，有利润，再少也好，但是关键不是利润够不够多，而是够不够稳定。追求稳定的盈利比追求高额利润更现实、更明智。

限于篇幅，我们就不讲解各个波段中的超短线盈利模式了，细心的读者必有所悟。

二、本钢板材（000761），5分钟走势图

个股本钢板材前期一直处在明显的上升趋势之中，对该股关注的投资者需要等待其回调或下跌时再考虑买入，否则追高买入的风险会很高，如图 2-37 所示。

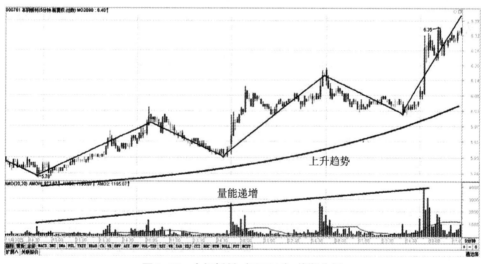

图 2-37　本钢板材（000761）前期分析

2016 年 12 月 7 日 11：20，当前最高的低点为 6.32 元。如果未来不再创出新的高位低点，而是跌破 2% 反转线的价位时，则可以确认波段顶点出现了，如图 2-38 所示。

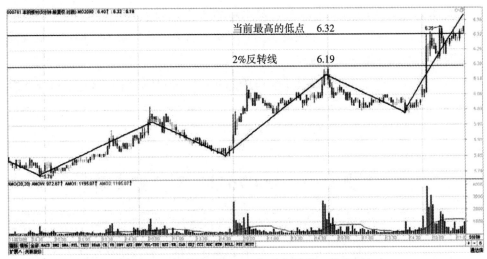

图2-38 本钢板材（000761）分析波段，寻找顶点

2016年12月7日13：10，股价再创出新的高点，带动最低点也跟着上移到了6.45元价位，2%反转线变为6.32元价位，未来如果股价最低价触及2%反转线的价位，就可以确认新的波段顶部已经形成，如图2-39所示。

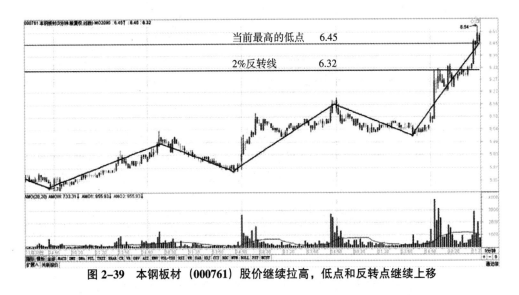

图2-39 本钢板材（000761）股价继续拉高，低点和反转点继续上移

2016年12月7日14：25，股价最低点曾跌到2%反转线之下，所以可以确认这次波段的最高点6.54元就是本次波段的高点了，如图2-40所示。

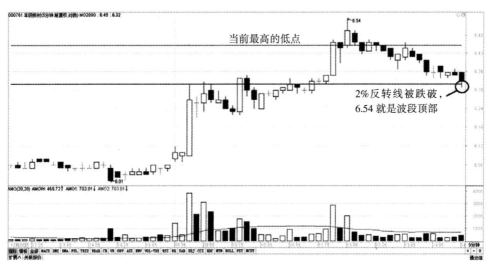

图 2-40　本钢板材（000761）反转成立，波段顶部已确认

　　本次下降波段最低点目前为 6.31 元的位置。如果要确认为第一个新低的话，需要股价反转并带动最低价站上 2% 反转线之上，否则第一个低点就不能成立，如图 2-41 所示。

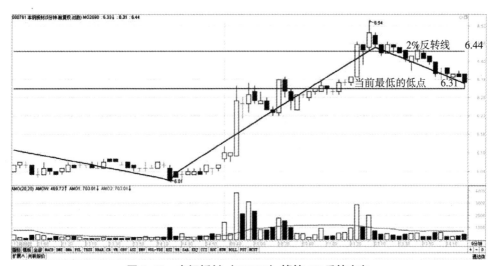

图 2-41　本钢板材（000761）掉转 2% 反转方向

　　2016 年 12 月 8 日 9 : 50，股价大幅回调至 6.23 元，未来股价如果回涨并带动最低价上涨到 2% 反转线的 6.35 元价位上时，就能确认模式中的第一个新低成立，如图 2-42 所示。

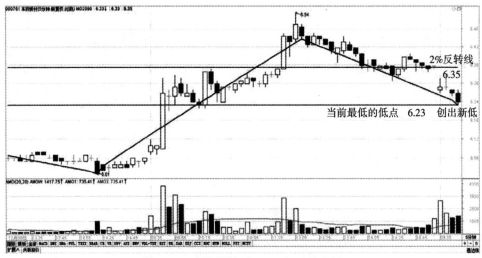

图 2-42　本钢板材（000761）开始回调

2016 年 12 月 8 日 13∶05，股价在小幅度的横向盘整后，带动股价上涨，虽然幅度不是很大，但是在 5 分钟时间里，最低价成功站稳了 2% 反转线之上，这就确认了六新低模式的第一个低点就是 6.23 元这个位置，如图 2-43 和图 2-44 所示。

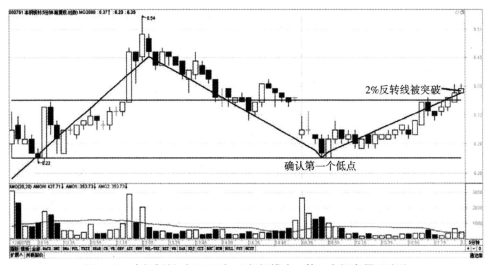

图 2-43　本钢板材（000761）六新低模式，第一个低点得以确认

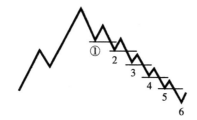

图 2-44 本钢板材（000761）六新低模式完成度

2016 年 12 月 9 日 10：30，股价大幅度回调至 6.15 元。如果股价回涨并带动最低价上涨到 2%反转线之上时，就可以确认模式中的第二个新低成立，如图 2-45 所示。

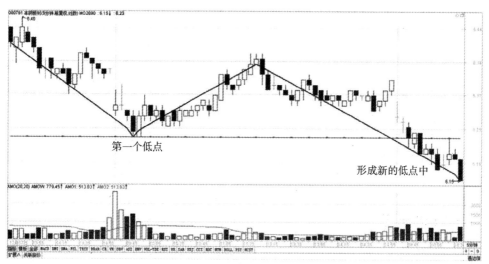

图 2-45 本钢板材（000761）正在形成第二个低点

2016 年 12 月 9 日 14：25，股价震荡上涨，并且最近 5 分钟 K 线图的最低价站上了 2%反转线，这就确认了模式中的第二个新低就是 6.15 元这个位置，如图 2-46 和图 2-47 所示。

图 2-46　本钢板材（000761）第二个低点得到确认

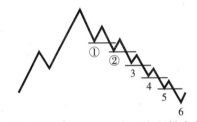

图 2-47　本钢板材（000761）六新低模式完成度

2016 年 12 月 13 日 9：40，在之前横向窄幅盘整了一段时间后，股价开始大幅下跌，不断创出新的低点，如图 2-48 所示。

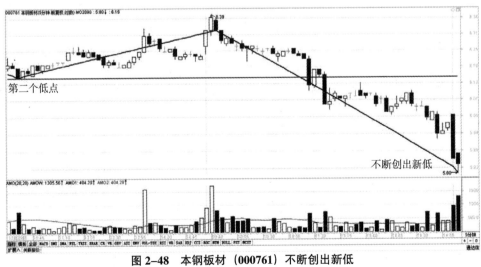

图 2-48　本钢板材（000761）不断创出新低

2016 年 12 月 13 日 10：10，在连续创出新低后，股价回涨最终带动最低价也站在了 2%反转线之上，这也确认了新六低模式的第三个低点就是 5.8 元这个价位，如图 2-49 和图 2-50 所示。

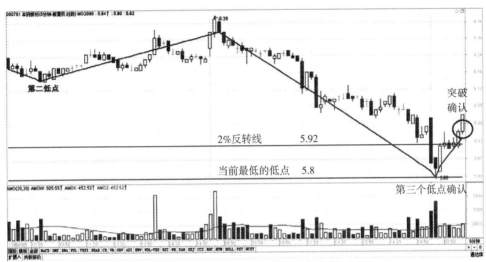

图 2-49　本钢板材（000761）第三个低点得到确认

图 2-50　本钢板材（000761）六新低模式完成度

2016 年 12 月 20 日 13：55，股价大幅回调至 5.53 元价位。如果股价回涨并带动最低价上涨到 2%反转线之上，那么就能确认模式中的第四个新低就是 5.53 元这个价位，如图 2-51 所示。

2016 年 12 月 21 日 13 时 10 分，股价整体站上了 2%反转线，让我们确认了六新低模式中的第四个低点，如图 2-52 和图 2-53 所示。

图 2-51　本钢板材（000761）再创新低

图 2-52　本钢板材（000761）确认第四个低点

图 2-53　本钢板材（000761）六新低模式完成度

2016 年 12 月 26 日 10：15，股价再次创出更低的低点，如果股价回涨并带动最低价上涨到 2% 以上时，就可以确认模式中的第五个新低，如图 2-54 所示。

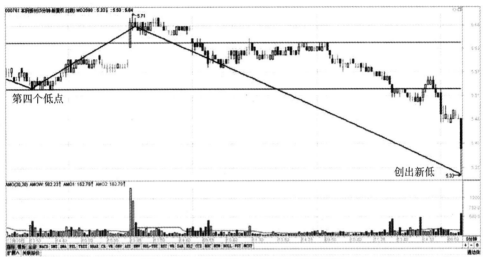

图 2-54 本钢板材（000761）再创新低

2016 年 12 月 26 日 14：35，股价上涨带动最低价突破了 2% 反转线的压制，确认了第五个低点就是 5.33 元这一价位，如图 2-55 和图 2-56 所示。

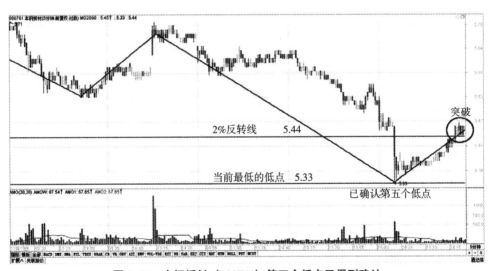

图 2-55 本钢板材（000761）第五个低点已得到确认

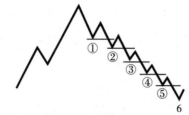

图 2-56　本钢板材（000761）六新低模式完成度

2016 年 12 月 29 日 9：35，股价再次创出比第五个低点更低的新低价位。此时可以调出均线指标，跟踪并伺机寻找买点，如图 2-57 所示。

图 2-57　本钢板材（000761）连创新低，可伺机买入

2016 年 12 月 29 日 10：55，在前几分钟内股价突破了均线的压制。这次突破均线可以作为买入信号，全仓买入，成本价为 5.33 元，如图 2-58 所示。

买入后，以买入价的 0.98 倍价位作为未来的止损点。盘中股价若是跌破这条预设的止损线时，就得强制清仓退出，避免出现更大的亏损，如图 2-59 所示。

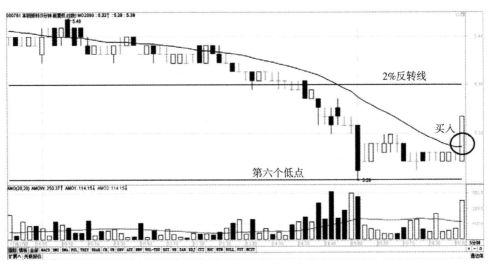

图 2-58 本钢板材（000761）买点出现，买入

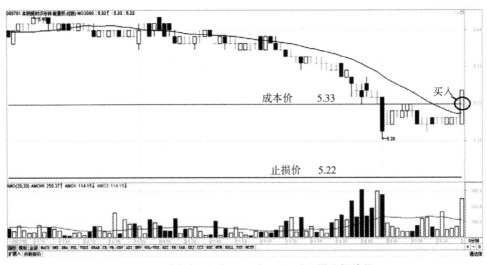

图 2-59 本钢板材（000761）买入后设置止损价位

　　2016 年 12 月 29 日 13：35，股价横向一两个最小单位的浮动后不久，开始回调至我们之前的买入成本价位，如图 2-60 所示。

　　2016 年 12 月 29 日 14：20，股价再次回调至我们的成本价 5.33 元位置，但是和前一次回调没有跌破一样，这次的回调也没有跌破 5.33 元，似乎 5.33 元已经形成一个水平支撑线。我们可以把 5.22 元的止损线上移到 5.32 元的位置，如图 2-61 所示。

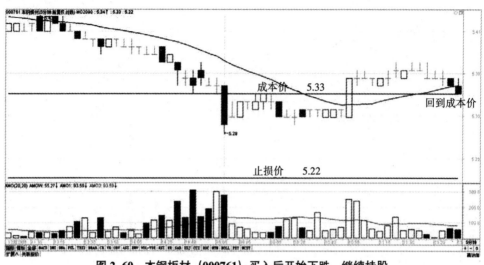

图 2-60　本钢板材（000761）买入后开始下跌，继续持股

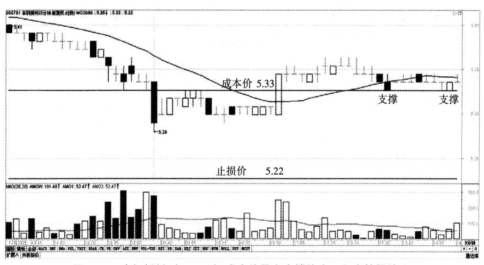

图 2-61　本钢板材（000761）成本价具有支撑能力，坚定持股信心

　　2016 年 12 月 30 日 13：15，股价再次回调至止损价位，但是没有跌破这条支撑线，这很重要，这说明后市有很大概率将反转上涨，所以继续持股待涨才是明智的选择，如图 2-62 所示。

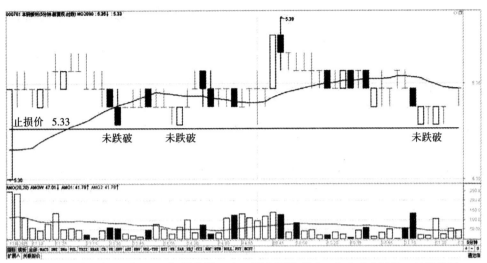

图 2-62　本钢板材（000761）股价第三次回调止损线附近，未跌破止损线，持股待涨

连接两点作一条倾斜向上的支撑线，作为未来出场的条件。如果股价跌破了这条支撑线，无论如何也要清仓退出，如图 2-63 所示。

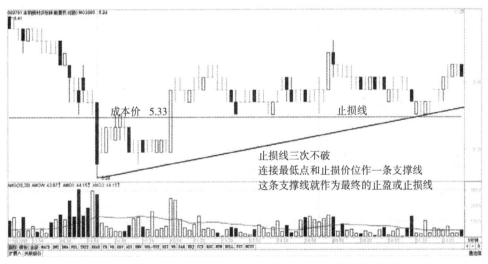

图 2-63　本钢板材（000761）作一条上升趋势线，作为未来的止损或止盈线

2017 年 1 月 4 日 10∶30，股价不断创出新高，但量能却是背离的。按计划，遇到这种情况是要先卖出三成筹码的，所以坚决卖出，如图 2-64 所示。

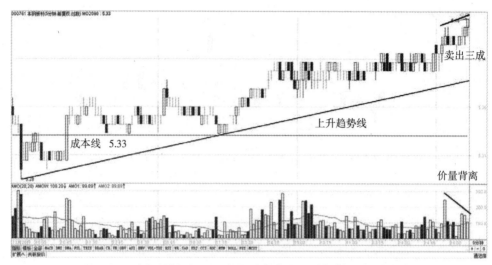

图 2-64　本钢板材（000761）股价震荡上行，走出一波上升趋势

2017 年 1 月 4 日 11：15，股价一连两次出现价量背离的卖出信号，一共累计卖出手中的六成筹码，目前就只持有四成筹码，如图 2-65 所示。

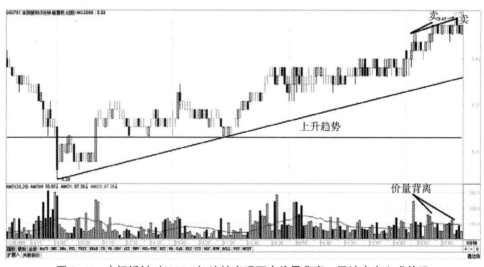

图 2-65　本钢板材（000761）连续出现两次价量背离，累计卖出六成筹码

2017 年 1 月 5 日 10：10，股价继续创出新高，可量能仍在持续低迷，造成第三次卖出信号，这就将手中所剩的另外四成股票全部卖出，总体卖出价为 5.47 元，如图 2-66 所示。

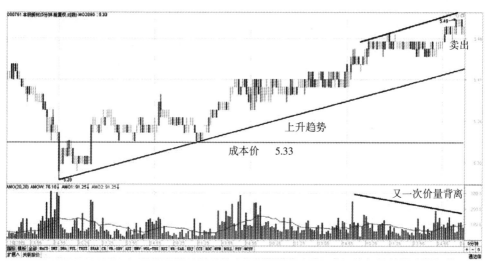

图 2-66　本钢板材（000761）再次出现价量背离卖出信号，全部清仓卖出

就在我们卖光全部筹码后，股价再也没有创出新的高点，而慢慢地横向窄幅震荡，使得不断上升的趋势线再也支撑不了股价的上涨，最终股价选择了大幅度的回调整理，如图 2-67 所示。

图 2-67　本钢板材（000761）股价跌破上升趋势线

2017 年 1 月 9 日 9：35，价格创出新的低点，但是量能却没有相应增加，怀疑是震仓洗盘行情，如果之后股价能站上下降的趋势线之上，就说明股价的主升段才算真正开启，如图 2-68 所示。

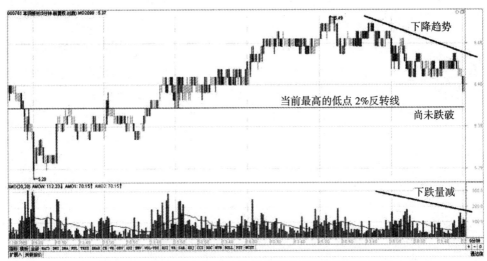

图 2-68 本钢板材（000761）等待股价出现新的突破信号

2017 年 1 月 9 日 9：55，股价带量突破了之前走出的短期下降趋势的压制，我们就以突破的价格 5.44 元重新买入该股，如图 2-69 所示。

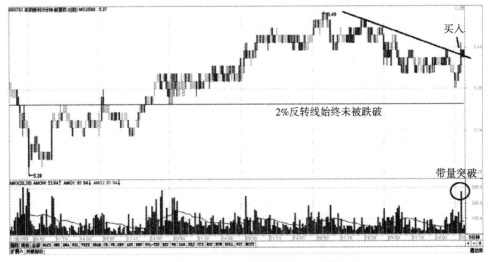

图 2-69 本钢板材（000761）股价突破下降趋势线，买入

2017 年 1 月 9 日 9：55 以 5.44 元重新买入该股，而到了当日尾盘，已经形成了较为明显的上升趋势，伴随的量能也挺正常的，预示未来将有不小的收益，如图 2-70 所示。

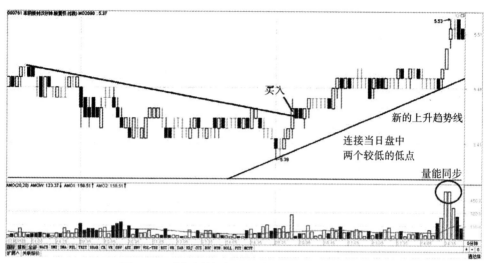

图 2-70　本钢板材（000761）买入当天走势不错

2017 年 1 月 10 日收盘后，股价依然没有发出任何卖出信号。继续持股，除非急于用钱，否则不得随意卖出手中的股票，如图 2-71 所示。

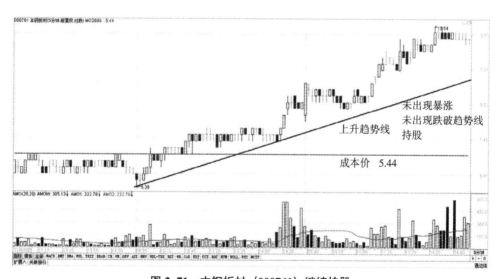

图 2-71　本钢板材（000761）继续持股

2017 年 1 月 11 日 9：40，股价震荡上行，量能没看出有什么异常，继续持股，如图 2-72 所示。

图 2-72　本钢板材（000761）股价震荡上行

2017 年 1 月 11 日 9：45，股价延续之前 5 分钟的强势上行走势，出现放量上涨，已经出现可卖的信号。如果量再增加，股价再继续大涨，就可以考虑卖出了，不一定非要等到跌破了上升趋势线，如图 2-73 所示。

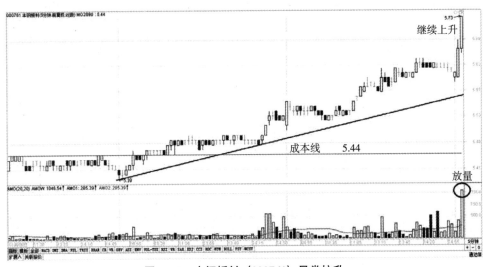

图 2-73　本钢板材（000761）异常拉升

2017 年 1 月 11 日 9：50，股价再延续之前 10 分钟的强势上行走势，上涨幅度太陡太快，量能放出太多。由于我们做的是短线、超短线，所以见好就收才是最好的选择，全部清仓，如图 2-74 所示。

图 2-74 本钢板材（000761）连续异常拉升，卖出

在我们高位卖出后，股价开始回调，并跌穿了上升趋势的支撑。所以，异常的价量通常是较好的超短线卖出时机，如图 2-75 所示。

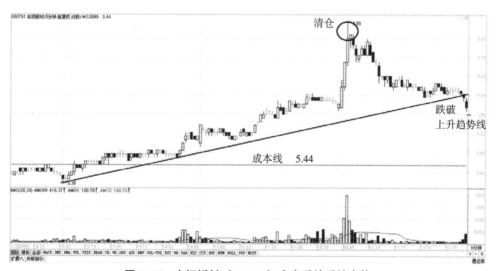

图 2-75 本钢板材（000761）卖出后的后续走势

在第六个低点确认后，股价也向上突破了均线的长期压制，第一波交易获利 2.6%，第二波交易获利 6.6%，收获不小，如图 2-76 所示。

图 2-76　本钢板材（000761）六新低模式全程交易

才 2.6%？可能有的投资者不屑一顾，但是关键不是利润够不够多，而是获得这些利润所需要的风险大不大，六新低模式可以大幅降低买入后的亏损风险。

三、陕西金叶（000812），5 分钟走势图

图 2-77 是个股陕西金叶（000812），2016 年 7 月 29 日至 2016 年 11 月 23 日的 5 分钟走势图可以看到股价一直处在明显的上升趋势中，对该股关注的投资者需要等待其回调或下跌了一段时间后伺机而动，如图 2-77 所示。

2016 年 11 月 23 日 10：10，股价开始回调，而之前的最高低点是 12.32 元价位，这个价位下跌 2%是 12.07 元。股价需要跌破这个价位才能确认 12.32 元是最高的低点，否则仍不能确认最高的低点具体位置，如图 2-78 所示。

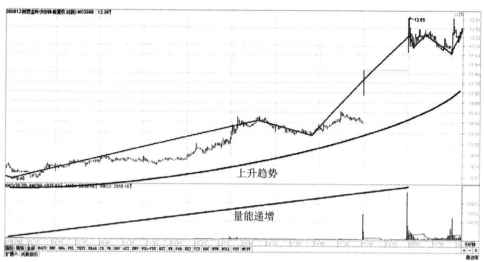

图 2-77 陕西金叶（000812）前期分析

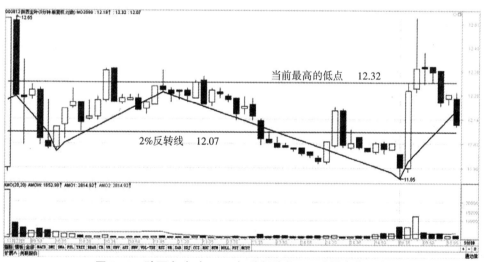

图 2-78 陕西金叶（000812）分析波段，寻找最高的低点

2016 年 11 月 23 日 13：30 以后，股价放量连续上涨，当日以涨停板收盘，足见其强势，而低点也因为涨停板的原因上移到了涨停价位 13.22 元上，除非股价还能再创新高，否则一旦股价跌破 2% 反转线时，就基本可以确认波段顶部了，如图 2-79 所示。

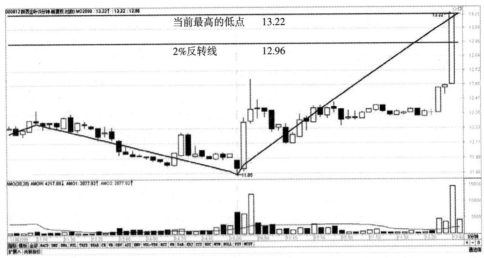

图 2-79　陕西金叶（000812）股价继续拉高，低点和反转点继续上移

2016 年 11 月 24 日开盘后前 5 分钟，股价高开低走，波动幅度不小，关键是一度跌破 2% 反转线的价位，这就说明 13.22 元的价位可能是最低的波段中的最高点，如图 2-80 所示。

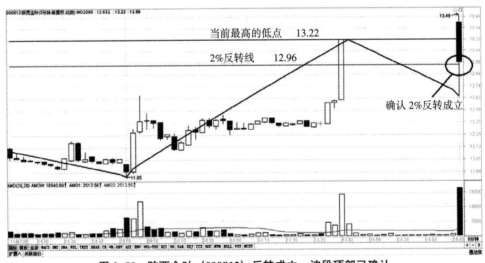

图 2-80　陕西金叶（000812）反转成立，波段顶部已确认

将观察的方向由上而下改为由下而上，以当前的最低的低点 12.63 元开始，计算其上涨 2% 后的价位是多少，然后观察后续的走势。如果未来股价还再创出新低，那就拿新的低点价位重新计算 2% 反转的具体价位。如果股价没有再创出

新的低点而是反转上涨超过 2% 的话，那就说明第一个低点已被确认，如图 2-
81 所示。

图 2-81　陕西金叶（000812）调整观察方向

2016 年 11 月 24 日 10：40，股价在小幅度的横向盘整后，带动股价上涨，
虽然幅度不是很大，但是在这 5 分钟时间里，最低价站到了 2% 反转线之上，这
就确认了六新低模式的第一个低点，如图 2-82 和图 2-83 所示。

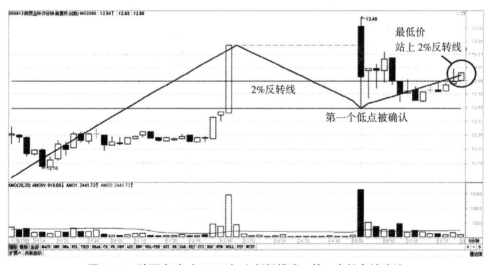

图 2-82　陕西金叶（000812）六新低模式，第一个低点被确认

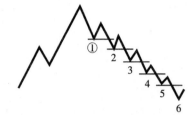

图 2-83 陕西金叶（000812）六新低模式完成度

2016 年 11 月 24 日 14：45，股价震荡回落，并选择了向下创出新低。如果股价之后回涨并带动最低价上涨 2% 以上时，就可以确认本次创出的新低点就是模式中的第二个新低，如图 2-84 所示。

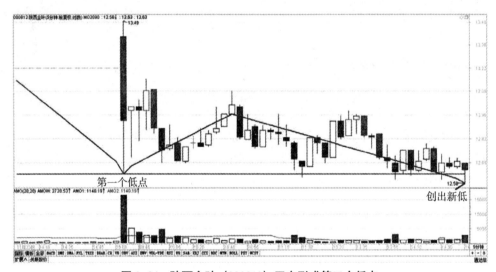

图 2-84 陕西金叶（000812）正在形成第二个低点

2016 年 11 月 24 日当日收盘最后 5 分钟，股价最低价成功站上了 2% 反转线，确认了模式中的第二个新低就是 12.58 元这个位置，如图 2-85 和图 2-86 所示。

2016 年 11 月 25 日开盘不到 5 分钟，股价立刻创出了比前日最低价还低的低点，如图 2-87 所示。

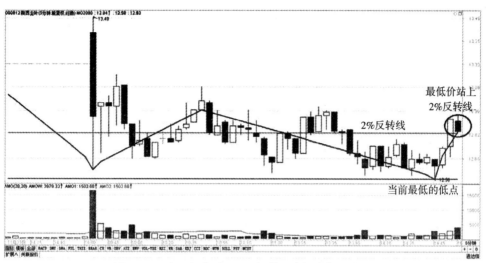

图2-85　陕西金叶（000812）第二个低点得到确认

图2-86　陕西金叶（000812）六新低模式完成度

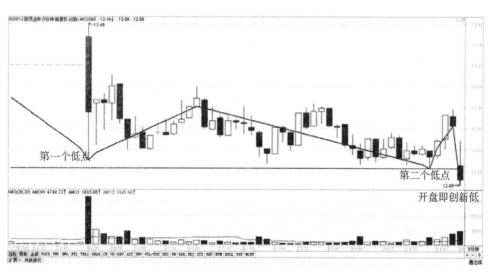

图2-87　陕西金叶（000812）次日开盘直接创出新低

2016年11月25日9∶50，股价在低开低走了数分钟后，开始猛拉反弹，最终将最低价拉到了2%反转线之上，这就帮我们确认了第三个低点的位置，如图2-88和图2-89所示。

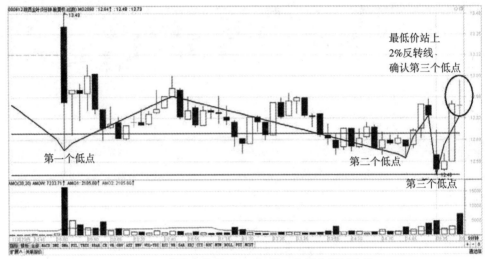

图 2-88　陕西金叶（000812）第三个低点得以确认

图 2-89　陕西金叶（000812）六新低模式完成度

2016年11月28日9∶40，股价窄幅盘整了数天后，开始选择跳空下跌，并创出了更低的低点，如图2-90所示。

图 2-90　陕西金叶（000812）再创新低

2016 年 11 月 28 日 10：05，股价再次站上了 2% 反转线，这就确认了六新低模式中的第四个低点就是 12.08 元，如图 2-91 和图 2-92 所示。

图 2-91　陕西金叶（000812）确认第四个低点

图 2-92　陕西金叶（000812）六新低模式完成度

2016 年 11 月 30 日 9：40，连续下跌了多日，不断创出新的低点。目前最低的低点已经到达了 11.19 元的位置，是否是第五个低点还需要反转 2% 以上的确认，如图 2-93 所示。

图 2-93　陕西金叶（000812）再创新低，是否是第五个低点

2016 年 12 月 1 日 9：50，股价上涨带动最低价勉强突破了 2% 反转线的压制，为我们确认了第五个低点就是 11.19 元这个价位，如图 2-94 和图 2-95 所示。

2016 年 12 月 2 日 13：40，股价又再次创出了新的低点，可以寻找买点了。现在可以调出均线指标，跟踪并伺机寻找买点，如图 2-96 所示。

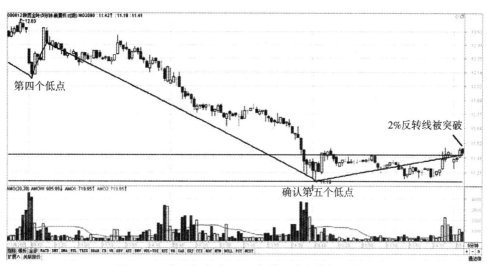

图2-94 陕西金叶（000812）第五个低点得到确认

图2-95 陕西金叶（000812）六新低模式完成度

图2-96 陕西金叶（000812）再创新低，寻找买入信号

如图 2-97 所示，调出均线指标，如果股价未来能站上这条均线，就说明第六个低点已经形成或得到确认，可以立即买入，否则的话还需要等待第六个低点的确认才能进行买入操作，切不可操之过急。

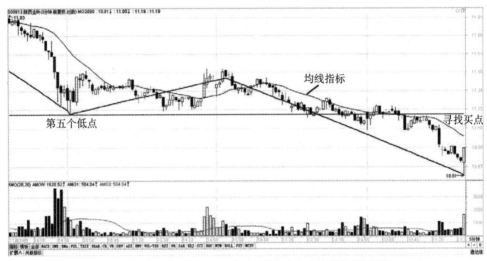

图 2-97 陕西金叶（000812）如果股价突破均线就可以买入

2016 年 12 月 2 日 13：45，股价再次放量上涨，并且站到了均线指标之上，出现了股价向上突破均线压制的买入信号，不能犹豫，买进，如图 2-98 所示。

图 2-98 陕西金叶（000812）买点出现，抓住时机，买入

买入后，以买入价的 0.98 倍价位作为未来的止损点，盘中股价若是跌破这条预设的止损线时，就得清仓退出，避免出现更大的亏损，如图 2-99 所示。

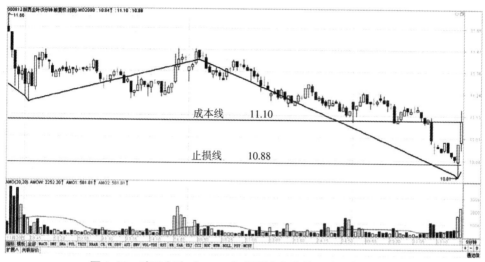

图 2-99　陕西金叶（000812）设置止损价位，防止意外发生

2016 年 12 月 2 日 13：50，就在我们买入后 5 分钟，股价又接着上涨了 1.2%，不过量能好像有些跟不上，继续持股观察吧，因为 13：45 刚买入，还不能马上卖出，而且就凭这一点迹象也不表示股市后面就不好，如图 2-100 所示。

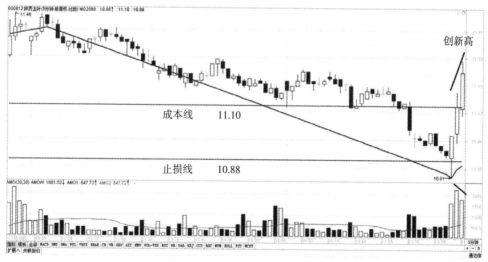

图 2-100　陕西金叶（000812）买入后股价继续上涨

2016 年 12 月 2 日 14：40，股价持续在当日高位窄幅震荡，没有什么异常，既没有出现买入信号，也没有出现卖出信号，继续持股，如图 2-101 所示。

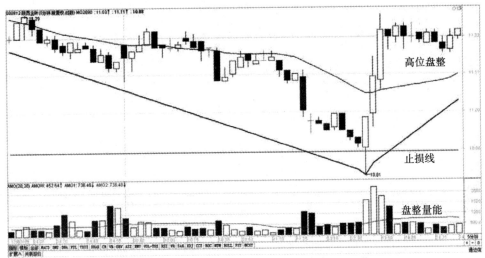

图 2-101 陕西金叶（000812）股价高位窄幅震荡

2016 年 12 月 2 日 14：45，股价再度创出当日高点，证明之前的量能低迷是因为震仓洗盘造成的，所以后市应该会有一波明显的涨势过程，坚定持股，如图 2-102 所示。

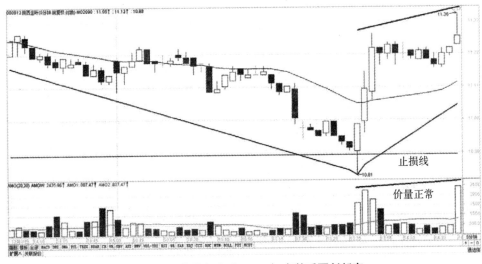

图 2-102 陕西金叶（000812）盘整后再创新高

2016 年 12 月 5 日 9：35，股价大幅低开，但在低位持续的时间不长，马上涨了回来，并且也没有明显的恐慌盘出逃，可见这是开盘型震仓，所以更加坚定持股的信心，如图 2-103 所示。

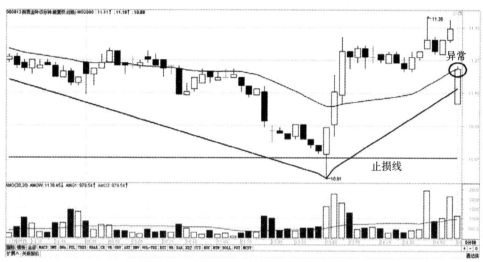

图 2-103　陕西金叶（000812）异常低开

2016 年 12 月 5 日 9：40，股价再次站到了均线之上，行情正要开始，以跌破均线或价量背离为卖出信号，应密切关注，如图 2-104 所示。

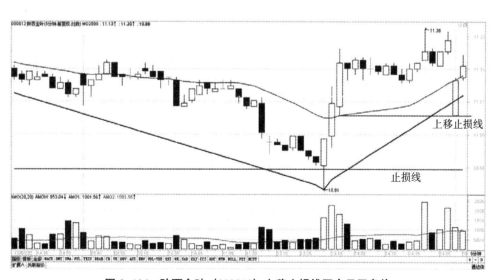

图 2-104　陕西金叶（000812）上移止损线至今日开盘价

2016 年 12 月 5 日 9：55，股价一直被最近的 50 个交易分钟的短期下降趋势所压制，期待股价能向上突破这条下降趋势线，如图 2–105 所示。

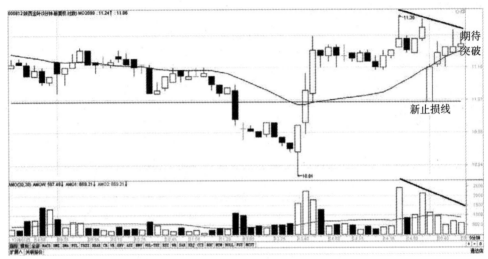

图 2–105　陕西金叶（000812）期待突破

2016 年 12 月 5 日 10：00，股价向上突破了之前的短期下降趋势线，但是量能没有明显增加，显得后劲不足，继续关注，如图 2–106 所示。

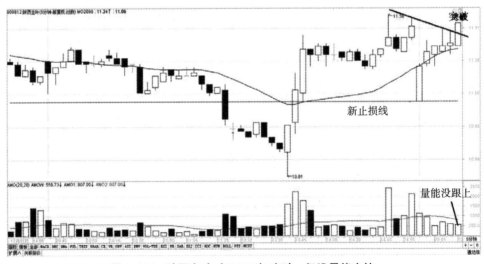

图 2–106　陕西金叶（000812）突破，但没量能支持

2016 年 12 月 5 日 10：05，股价放量向上创出了新的高点，可是与之前的高

点出现的量能相比，这 5 分钟放出的量还没有之前高点的量多，加上今日开盘就直接跌破了均线的支撑，种种迹象表明行情走势不甚明朗，我们需要找到一个退出点，然后再重新评估该股的后续走势，如图 2-107 所示。

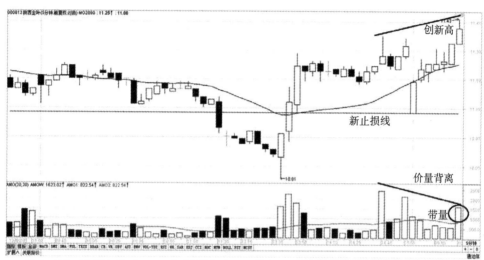

图 2-107 陕西金叶 (000812) 带量突破，可是出现了价量背离的卖出信号，全部卖出

本次交易买入价 11.1 元，卖出价为 11.39 元，获利 2.6%。别急，这第六个低点上来的这波还没有向下反转 2%，这说明未来还将有补仓买入的机会，如图 2-108 所示。

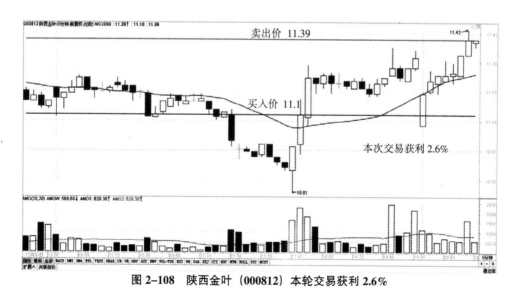

图 2-108 陕西金叶 (000812) 本轮交易获利 2.6%

2016 年 12 月 5 日 10：25，股价跌破均线支撑，期待股价再次上破均线，后期要是真的向上破均线的话，就是新的买入点，如图 2-109 所示。

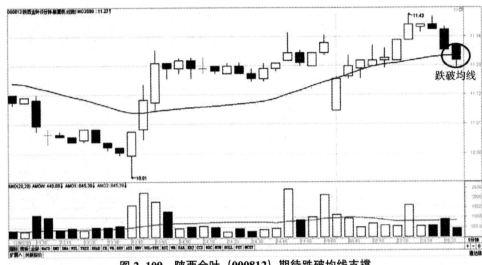

图 2-109　陕西金叶（000812）期待跌破均线支撑

2016 年 12 月 5 日 10：35，股价再次向上突破均线，但是量能却没有明显增加，本次股价上破均线并不能作为买入的理由，再等等，如图 2-110 所示。

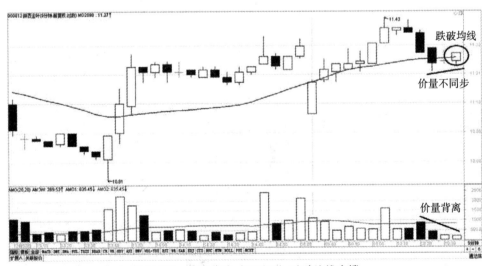

图 2-110　陕西金叶（000812）跌破均线支撑

2016年12月5日10：40，前5分钟股价上跌破均线没坚持多久，这5分钟又掉了下来，而量能一直没有起色，只好再观察观察，如图2-111所示。

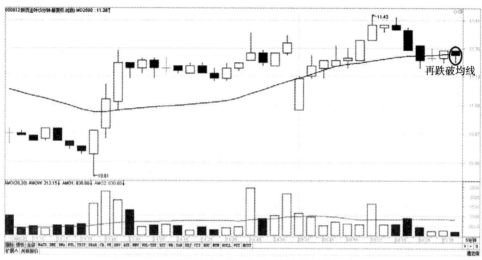

图 2-111　陕西金叶（000812）再次跌破均线支撑

2016年12月5日10：55，股价开始放量下跌，希望能找到一个支撑点，以便作为买入该股的跳板，如图2-112所示。

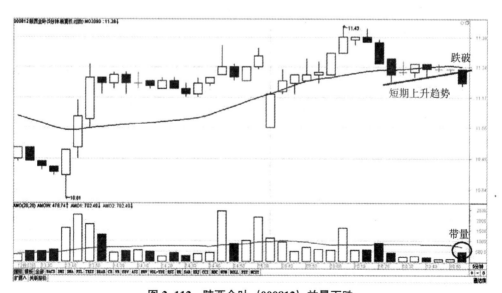

图 2-112　陕西金叶（000812）放量下跌

2016 年 12 月 5 日 11：05，股价连续报收阴 K 线，而且阴线的实体部分逐渐变小，是否暗示着下跌动力在逐渐减小呢？这个答案需要后续走势来证明，如图 2-113 所示。

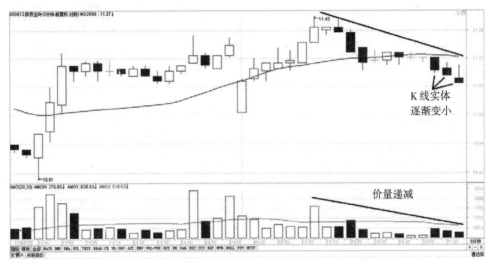

图 2-113　陕西金叶（000812）下降中的阴线实体逐渐变小，下跌动力是否完结

2016 年 12 月 5 日 11：10，之前的连续阴线后，这 5 分钟股价回升并上破了下降趋势线的压制，只是量能没有跟进，所以我们决定尝试买入五成，尽量控制风险最小化，如图 2-114 所示。

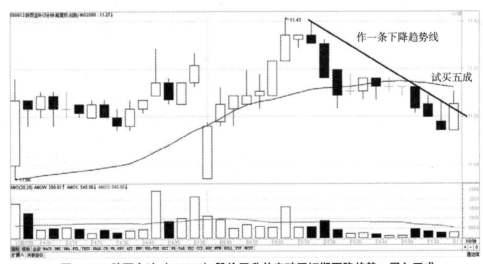

图 2-114　陕西金叶（000812）股价回升并突破了短期下降趋势，买入五成

2016 年 12 月 5 日 13：5，之前的连续窄幅震荡后，现在即将面临变盘了。由于股价最低价一直没有跌破水平支撑线，所以决定买入另外五成的筹码，如图 2-115 所示。

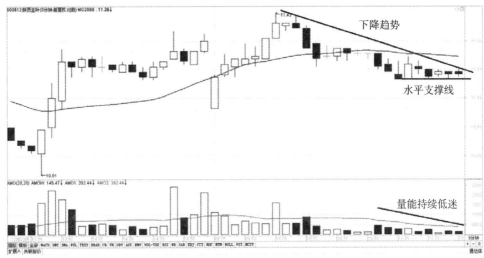

图 2-115　陕西金叶（000812）即将变盘，该不该买入

两次各买五成筹码，平均成本为 11.21 元，计算这个价位的 0.98 倍作为止损点位，一旦股价与预计的路线走向不一致时，可以依照跌破止损线而退出清仓，如图 2-116 所示。

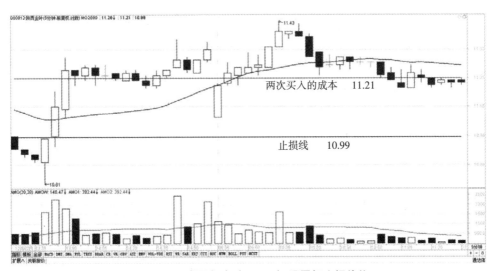

图 2-116　陕西金叶（000812）设置好止损价位

2016 年 12 月 5 日 13：10，股价迅速脱离了低位盘整区，放出明显的量能，对我们之前的买入来说，这是个好兆头，如果之后股价一直保持这样的强势，我们就把止损线上移至这条水平支撑线，如图 2-117 所示。

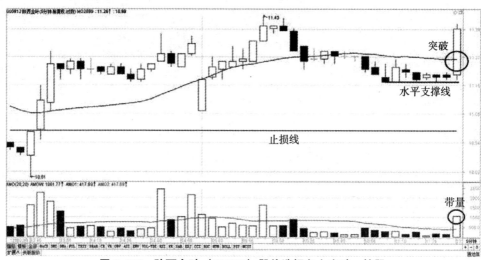

图 2-117　陕西金叶（000812）股价选择向上突破，持股

2016 年 12 月 5 日 13：15，股价继续大幅攀升，量能也放得有些过大了，接下来就得关注价量不同步的卖出信号，如图 2-118 所示。

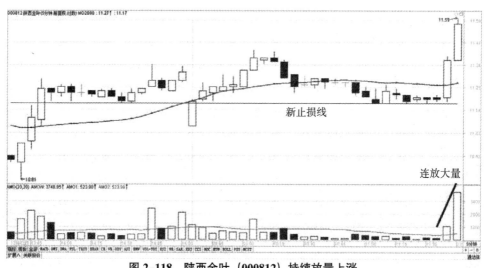

图 2-118　陕西金叶（000812）持续放量上涨

2016 年 12 月 5 日 13：35，距离之前的大幅上涨不到半小时，股价再创出新的高点，可是高点是创出了，价量却不见同步增加，所以按计划先卖出三成筹码，卖出价为 11.73 元，仅本次交易就获利 3.7%，如图 2-119 所示。

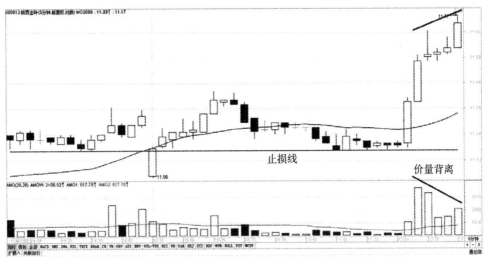

图 2-119　陕西金叶（000812）价量背离，卖出三成

2016 年 12 月 5 日 13：55，股价再次上涨创出新高，而量能却还是保持着背离状态，按计划，还得继续卖出手中的三成筹码，本次交易获利 4.3%，如图 2-120 所示。

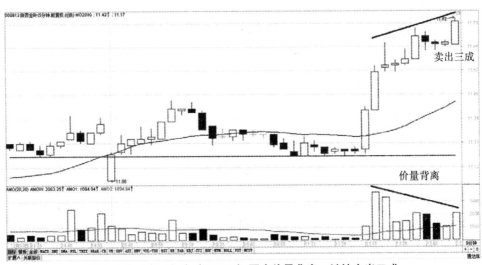

图 2-120　陕西金叶（000812）再次价量背离，继续卖出三成

2016 年 12 月 5 日 14：40，股价没能再创新高，并且跌破了均线的支撑，按计划，这时应该卖出剩下的四成筹码。卖出后，全部交易已经完成，如图 2-121 所示。

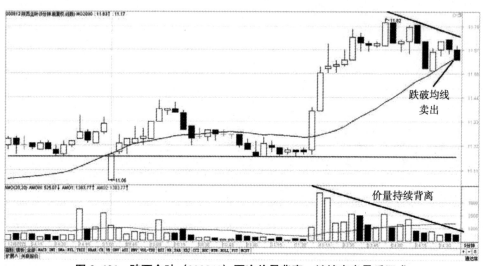

图 2-121　陕西金叶（000812）再次价量背离，继续卖出最后四成

第一波交易获利 2.6%，第二波交易获利 3.2%，累计获利将近 6%，收获确实不小，如图 2-122 所示。

图 2-122　陕西金叶（000812）六新低模式全程交易

才 6%？可能有的投资者对这个利润不屑一顾，可能觉得不翻个几倍不叫事，但问题是很少有买入就翻倍的个股。所以更务实的办法是在风险足够小的情况下去争取利润的最大化。

四、贵糖股份（000833），15 分钟走势图

图 2-123 是个股贵糖股份（000833）2016 年 6 月 23 日至 6 月 30 日 13：45 的 15 分钟线走势，我们可以看到该股股价开始进入新一轮的上升趋势。

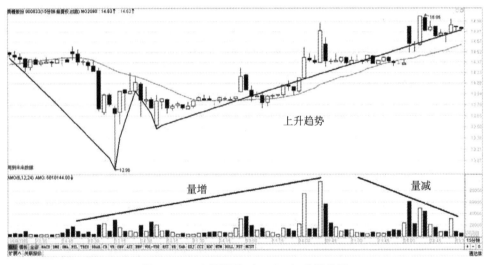

图 2-123　贵糖股份（000833）前期分析

2016 年 6 月 30 日 13：45，股价较之前创出了更高的最低点 14.83 元。以这个价位为准，计算它的 0.98 倍线，判断是否是最高的低点。如果股价的最低价反转跌破这条 2% 反转线，就说明之前那个最高的低点就是波段的高点，如图 2-124 所示。

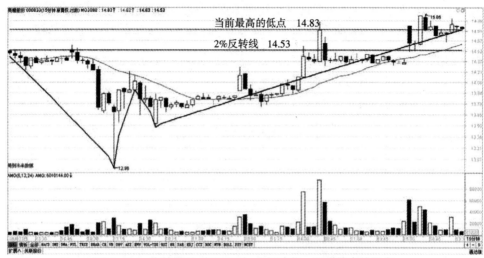

图 2-124　贵糖股份（000833）分析波段，寻找最高的低点

2016 年 7 月 1 日 9 : 45，股价放量下跌，虽然看上去是阳 K 线，但是由于低开而没有至前 15 分钟的收盘价之上，导致这个阳 K 线实际上还是下跌的。另外，我们可以看到由于低开低走的原因，导致股价跌破了 2% 的反转线，这就确认了 14.83 就是这个波段的最高的低点，确认后，就可以开始数创新低的次数了，如图 2-125 所示。

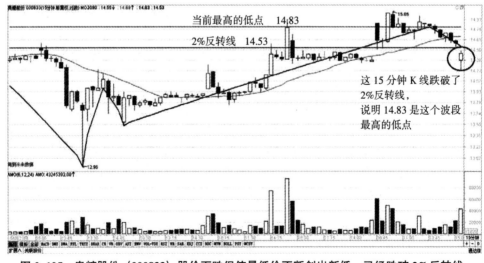

图 2-125　贵糖股份（000833）股价下跌促使最低价不断创出新低，已经跌破 2% 反转线，
确认波段最高低点

2016 年 7 月 1 日尾盘，股价开始大幅拉升，可以看到股价在前 15 分钟时拉出一个大阳 K 线，但是在收盘前最后的 15 分钟时，股价开始回调，出现一个更高的低价，导致最低价突破了 2% 反转线的范围，所以确认了六新低模式的第一个低点，如图 2-126 和图 2-127 所示。

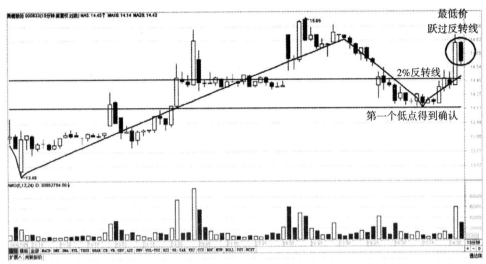

图 2-126　贵糖股份（000833）六新低模式　第一个低点被确认

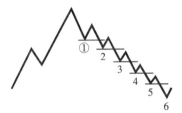

图 2-127　贵糖股份（000833）六新低模式完成度

2016 年 7 月 8 日 9：45，股价经过三波震荡后开始回落，向下创出新低，如果股价之后回涨并带动最低价上涨 2% 以上时，就可以确认本次创出的新低点就是模式中的第二个新低，如图 2-128 所示。

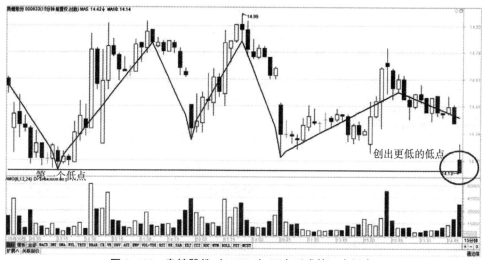

图 2-128 贵糖股份（000833）正在形成第二个低点

2016 年 7 月 8 日 10：45，距离之前创出新低仅一个小时后，股价连续创出新低暂告一段落，利用当前的最低价 13.89 元作水平线，另外计算 13.89 元的 1.02 倍线，以检测股价能否越过这条线，如图 2-129 所示。

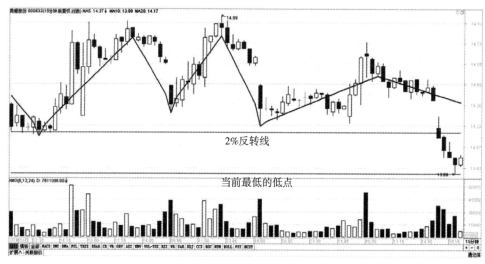

图 2-129 贵糖股份（000833）形成第二个低点

2016 年 7 月 11 日 10：15，股价在之前的最低点形成后没有向上反转 2%，随后又再次创出新的低点，所以当前的最低点应该以 13.75 元为基础来计算，如图 2-130 所示。

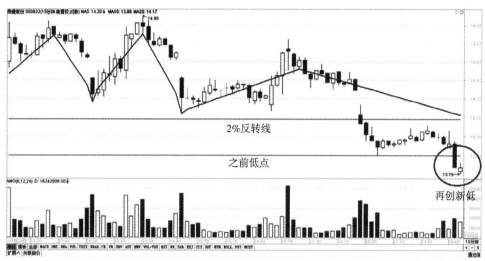

图 2-130 贵糖股份（000833）没有确认反转，而是再创新低

2016 年 7 月 15 日 9：45，股价在之前的最低点和 1.02 倍线的横向区间震荡了将近三个交易日，但最终还是选择了向下跌破区间，从而再创出新的低点，因此我们也要把最低点设置为最新创出的新低价位，2% 反转线也要以这个低点为基准，如图 2-131 所示。

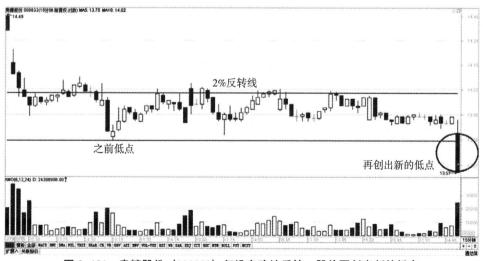

图 2-131 贵糖股份（000833）仍没有确认反转，股价再创出新的低点

2016 年 7 月 18 日 10：00，股价再次向上突破了 2%反转线，并且回调的幅度不大，导致最低价高于 2%反转线，从而为我们确认了第二个低点，如图 2-132 和图 2-133 所示。

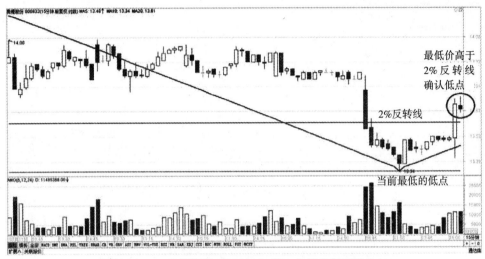

图 2-132　贵糖股份（000833）第二个低点得到确认

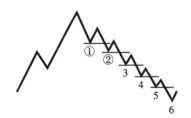

图 2-133　贵糖股份（000833）六新低模式完成度

2016 年 7 月 22 日 14：30，经过数个交易日的一涨一跌后，股价再次创出新的低点，如图 2-134 所示。

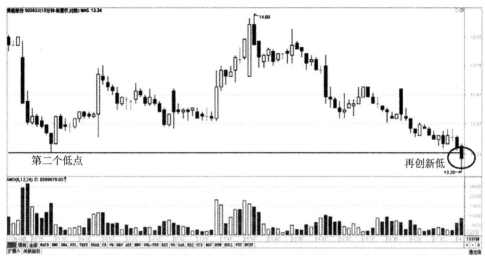

图 2-134 贵糖股份（000833）股价再创新低

2016 年 7 月 25 日 14：00，前 15 分钟股价还触及之前那个最低点，可是最近的 15 分钟好像得到了支撑一样马上反转上涨，密切关注后续走势，如图 2-135 所示。

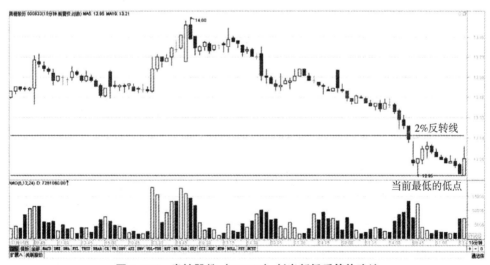

图 2-135 贵糖股份（000833）创出新低后等待确认

2016 年 7 月 27 日 11：30，来回折腾两个交易日后，股价没有上破 2%反转线的压制，最终仍选择了向下跌并创出新的低点，如图 2-136 所示。

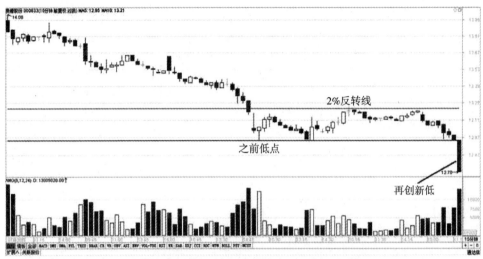

图 2-136　贵糖股份（000833）横向盘整后继续创出新低

2016 年 7 月 27 日 13：30，在连续大跌一个小时后，股价开始反弹上涨，我们应该把这次下降以来的最低价 11.98 元作为基准来计算它的 1.02 倍，只要股价反弹时最低点能超过这条 1.02 的倍线，就可以确认第三个低点了，如图 2-137 所示。

图 2-137　贵糖股份（000833）深跌反弹

2016年7月27日13：45，股价在前15分钟反弹到尾声，最近15分钟走势是高走无力，反而向下回跌了不少，但至少最低点高于2%反转线之上，说明我们等到了第三个低点，也就是说第三个低点就是11.98元，如图2-138和图2-139所示。

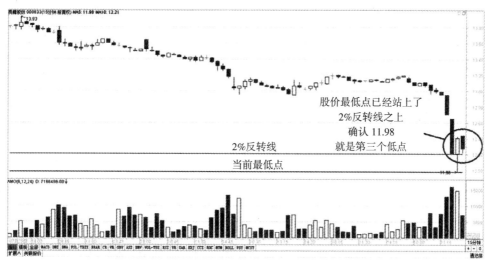

图2-138 贵糖股份（000833）第三个低点得以确认

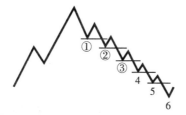

图2-139 贵糖股份（000833）六新低模式完成度

2016年7月28日11：00，股价反弹之势已经结束，开始继续创出新的低点，如图2-140所示。

2016年7月28日14：30，股价再次反弹并站上了以低点11.45元的1.02倍线之上，确认了六新低模式中的第四个低点正是11.45元，如图2-141和图2-142所示。

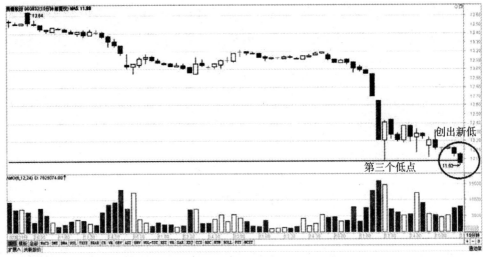

图 2-140　贵糖股份（000833）继续创出新低

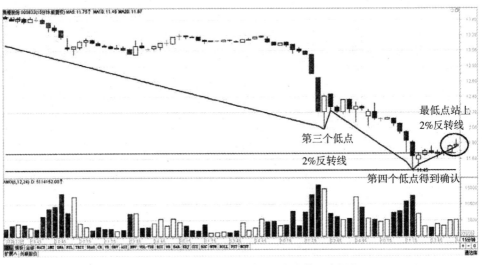

图 2-141　贵糖股份（000833）确认第四个低点

图 2-142　贵糖股份（000833）六新低模式完成度

2016 年 8 月 1 日 11：15，连续下跌了多日，不断创出新的低点。目前的最低低点已经跌到了 11.06 元的位置，疑似已经或快接近第五个低点了，如图 2-143 所示。

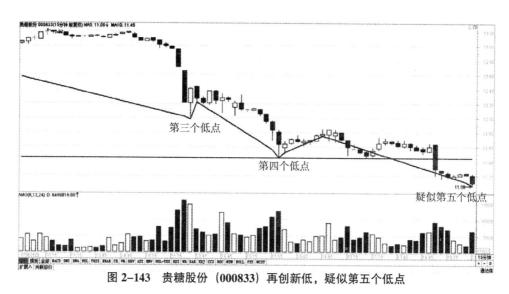

图 2-143　贵糖股份（000833）再创新低，疑似第五个低点

2016 年 8 月 2 日 11：15，股价上涨形成了上升趋势，这条上升趋势不断抬高了股价，也抬高了每一个 15 分钟 K 线的最低价，渐渐地最低价也开始突破 2% 反转线的压制，从而确认了第五个低点，如图 2-144 和图 2-145 所示。

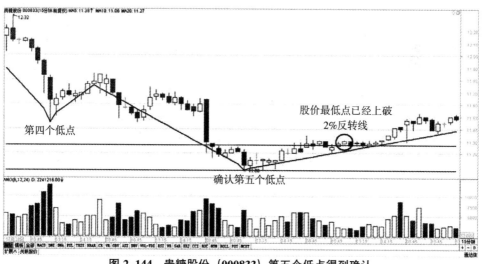

图 2-144　贵糖股份（000833）第五个低点得到确认

图 2-145　贵糖股份（000833）六新低模式完成度

2016 年 8 月 5 日 10：15，股价沿着之前的上升趋势线不断上爬，所谓"将在外军令有所不受"，如果股价就此出现很好的买入机会的话，就不用等待第六个低点了，而且一旦从中获取了利润，也不要再关注这只个股，如图 2-146 所示。

图 2-146　贵糖股份（000833）再创新低，开始等待买入信号

如图 2-147 所示，股价最近的 15 分钟走势大致是先下跌，并跌到第五个低点的 1.02 倍线上，没有再继续往下跌而转为上涨，似乎得到了 2% 反转线的支撑一样，我们不排除这是一个买点的可能，需要调用其他技术指标以确认是不是一个提前的买点。

如图 2-148 所示，我们调出 CCI 指标，对照股价一看，凡是 CCI 指标在严重低位时，股价未来就会有一段涨幅，本次股价回调得到 2% 反转线的支撑，加上 CCI 指标的严重低位的出现，预示了未来会有一段涨幅，就不用等到第六个低点出现了，可以在下一个 15 分钟买入该股。

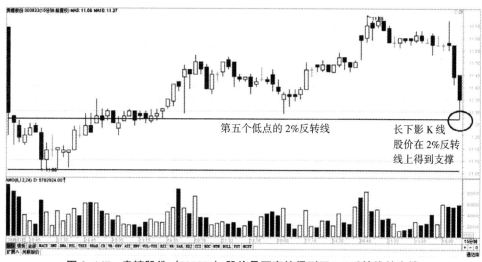

第五个低点的2%反转线

长下影K线
股价在2%反转
线上得到支撑

图 2-147 贵糖股份（000833）股价是否真的得到了2%反转线的支撑

第五个低点

CCI指标

支撑
买点

图 2-148 贵糖股份（000833）与CCI指标对照

如图 2-149 所示，在这个 15 分钟内完成买入，可以限价，也可以不限价，可以分批买入，也可以一次性买入，总之在这个 15 分钟内买入就对了，未来就等着 CCI 指标的读数变高，或股价跌破趋势，或均线的支撑，又或者成交额严重放大时再卖出。

图 2-149　贵糖股份（000833）买入

就在买入的 15 分钟后，股价马上涨了约 1%，可见我们买对了，坚持等到 CCI 指标的读数超过 100 或更多，如图 2-150 所示。

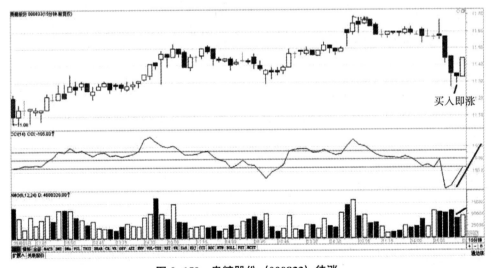

图 2-150　贵糖股份（000833）待涨

随后的走势开始有些踌躇，股价没有快速上涨，量能也在递减，CCI 指标有转头向下的势头，看样子势头可能有些不妙，但因为 T+1 的关系，不能在当日卖出，所以继续耐心观察，如图 2-151 所示。

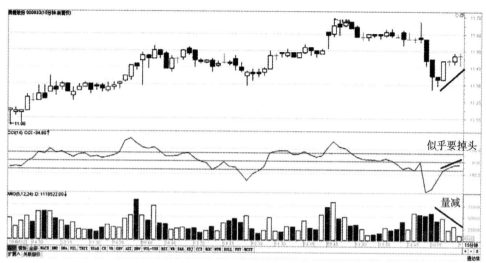

图 2-151　贵糖股份（000833）考虑

2016 年 8 月 8 日 13：30，股价再涨 0.5%，把原来想转头向下的 CCI 拉起头向上，虽然量能依然不见起色，但股价上涨就好了，继续观察行情的风吹草动，如图 2-152 所示。

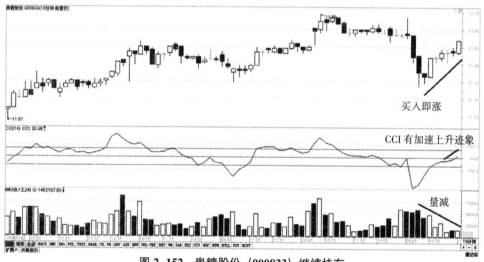

图 2-152　贵糖股份（000833）继续持有

2016 年 8 月 8 日收盘，股价重新回到高点附近，尾盘还有放量出现，CCI 指标读数接近 100，关键是下一个交易日就可以随时卖出股票了，如图 2-153 所示。

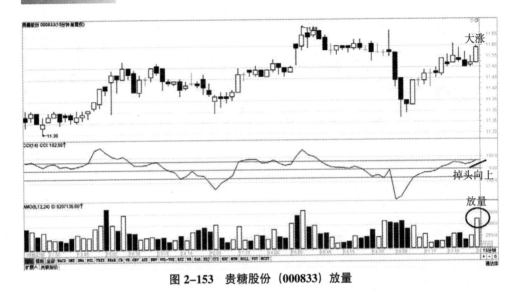

图 2-153 贵糖股份（000833）放量

2016 年 8 月 9 日 10：45，股价勇创新高，仅仅缓慢放量就能带动股价创出新高，说明行情快要加速了，特别是 CCI 指标目前也处在高位。另外，由于可能进入快速上升阶段，所以我们再调出 10 天均线。为什么是 10 天呢？因为正好对当前的涨势有明显的支撑作用，拿它做止盈线是不错的选择，如图 2-154 所示。

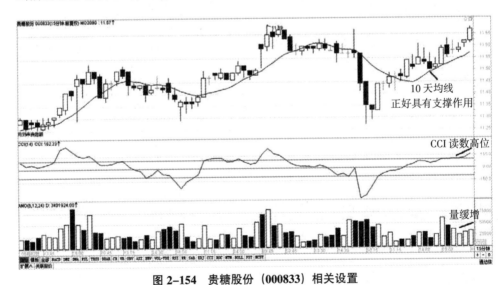

图 2-154 贵糖股份（000833）相关设置

2016 年 8 月 9 日 11：30，股价大涨并创出新的高点，量能也有明显的放大，而且 CCI 指标也处在了相当的高位。是不是应该卖出呢？这要看之前设置的出场条件了。我们之前设置了 10 天均线作为卖出条件，只要股价收盘没有跌破就不卖，目前股价只是拉开了与 10 天均线之间的距离而已，并没有跌破均线，继续持股待涨，如图 2-155 所示。

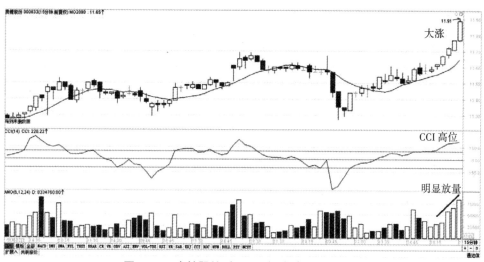

图 2-155　贵糖股份（000833）大涨，该不该卖

2016 年 8 月 9 日 14：30，股价自之前的高点后开始回调，但是始终没有跌破之前设置的 10 日均线，所以我们继续持股，如图 2-156 所示。

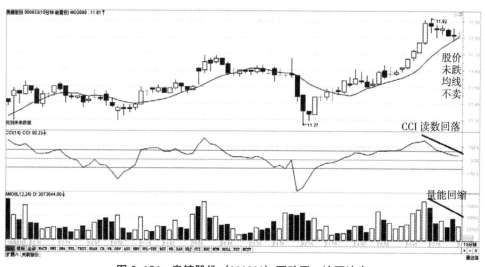

图 2-156　贵糖股份（000833）下跌了，该不该卖

2016 年 8 月 9 日 14：45，股价得到了 10 日均线的支撑，没有再往下跌，而是反转向上，所以这个时候没有理由过早地卖出，如图 2-157 所示。

图 2-157　贵糖股份（000833）10 日均线真灵

2016 年 8 月 9 日收盘时，股价再次上涨到了高点附近，有明显的放量，暂时持有等待下一个交易日的表现吧，如图 2-158 所示。

图 2-158　贵糖股份（000833）得到支撑后开始恢复上涨

2016年8月10日9：45，股价在这15分钟内波动极大，一为创出新高，又一度跌破10日均线，好在这个15分钟的最后收盘没有跌破10日均线，所以我们继续持有该股，如图2-159所示。

图 2-159 贵糖股份（000833）长上下影的 K 线

2016年8月10日10：00，股价再次暴涨，再次创出新的高点，CCI指标读数也暴增，是不是这一波快到头了呢？不管怎样，还得以10天均线作为止盈标准的好，如图2-160所示。

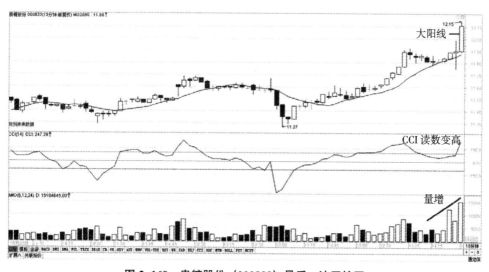

图 2-160 贵糖股份（000833）最后一波开始了

2016 年 8 月 10 日 10：45，股价创出更高的高点，但是这次上涨所形成的 K 线看上去有一个明显的上影线，这表示上方压力不小。另外 CCI 指标也有顶背离的可能，更重要的是成交量是之前 15 分钟总量的 3 倍，这是我认为的可以提前卖出的特殊信号，因为高位出现巨量通常带来的是变盘反转，所以我们就不用再等到 10 日均线被跌破，赶紧卖出，如图 2-161 所示。

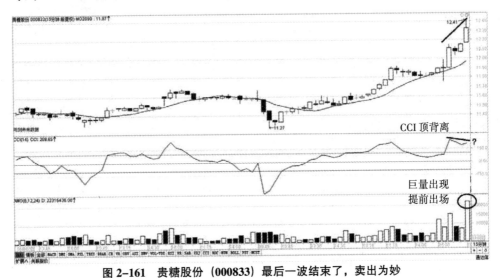

图 2-161 贵糖股份（000833）最后一波结束了，卖出为妙

2016 年 8 月 10 日 11：00，股价不再创出高点，CCI 指标也出现了"顶背离"的卖出信号，如图 2-162 所示。

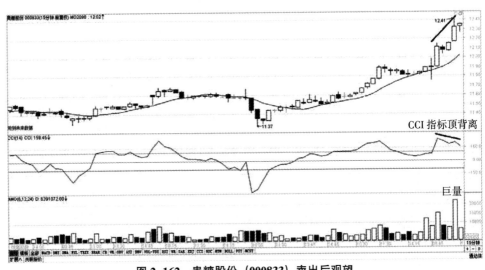

图 2-162 贵糖股份（000833）卖出后观望

本次交易买入价是 11.33 元，而卖出价为 12.38 元，本次交易获利 9.2%，是相当不错的成绩了，如图 2-163 所示。

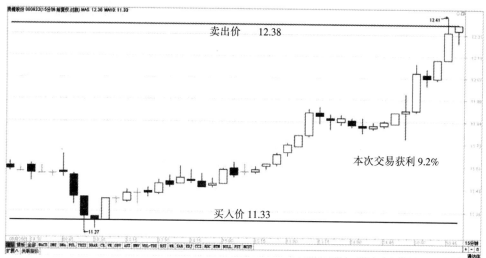

图 2-163 贵糖股份（000833）本次交易获利 9.2%

第三章　五新低模式

什么是五新低模式呢?

五新低模式是指股价在回调或下降的过程中，不断创出 2% 反转波的 5 次新低点，并且有足够多的指标预示着将来行情有可能提前反转，这时就不用等到第六个新低的出现就可以买入。

五新低模式在短线周期下经常能遇到，也是一个不错的短线交易形态，如图 3-1 所示。

图 3-1　五新低模式

买入点：

（1）有多个指标给出看好信号或反转信号。

（2）创出 5 次新低。

（3）突破下降趋势线或均线。

（4）第一点必须要有，第二点和第三点符合一个点就行。

卖出点：

（1）价量背离，卖出三成。

（2）跌破上升趋势线或均线的支撑，卖出三成。

（3）反转波下跌超过 2%，卖出三成。

（4）短线投资者一步卖出也行。

下面用四个案例完整地讲解整个交易过程。

一、天健集团（000090），5分钟走势图

前期股价一直处于下降趋势中，近期股价一飞冲天，先是突破了下降趋势线的压制，然后是连续两次涨停板，此时跟进有追高的风险，看好该股的投资者需要耐心等待更好、更安全的买点出现，如图3-2所示。

图3-2 天健集团（000090）前期分析

2016年9月13日9：50，当前最高的低点为11.29元。如果未来不再创出更高的低点时，则需要等待股价跌破2%反转线的11.06元价位，如图3-3所示。

2016年9月13日9：55，股价开始回调，不过回调时的最低点没有跌破2%反转线的位置，如图3-4所示。

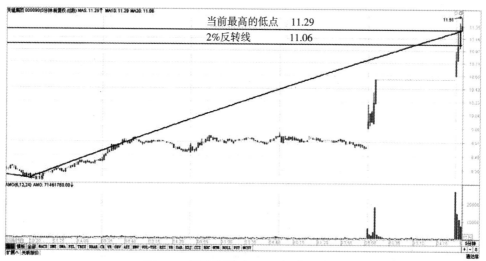

图 3-3 天健集团（000090）分析波段

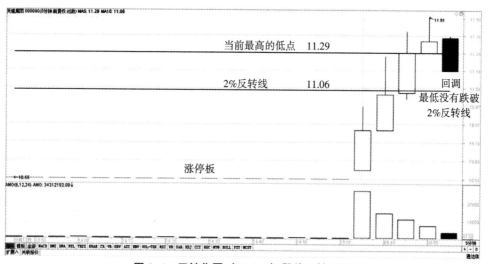

图 3-4 天健集团（000090）股价开始回调

2016 年 9 月 13 日 10∶00，股价最低点曾一度接近 2%反转线附近，但股价没有一鼓作气直接跌破，而是又反弹了一小波，如图 3-5 所示。

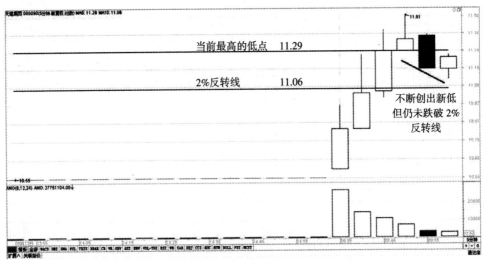

图 3-5　天健集团（000090）再创新低后反弹

2016 年 9 月 13 日 10∶05，股价继之前 5 分钟的反弹之势又上涨了一波，但是没有量能的支撑，未来还有可能继续下跌，如图 3-6 所示。

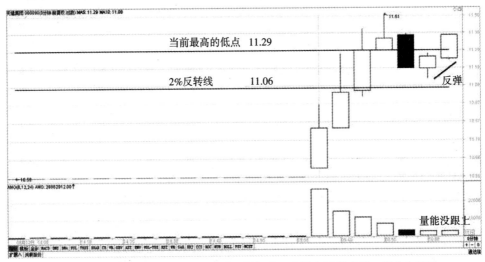

图 3-6　天健集团（000090）反弹既没创新高，也没有量能支撑，还会向下跌

2016 年 9 月 13 日 10∶25，股价大幅下跌至最低 11.06 元的位置。如果股价回涨并带动最低价上涨到 2%反转线之上时，就可以确认模式中的第一个新低成立，如图 3-7 所示。

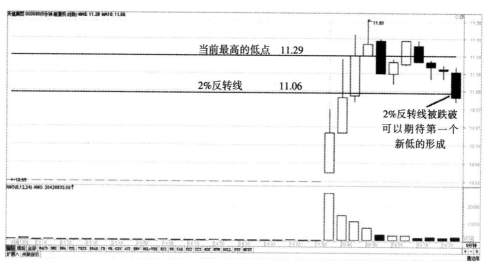

图 3-7　天健集团（000090）跌破 2%反转线

2016 年 9 月 13 日 14：45，股价在连续的震荡下跌后，开始反转上涨，最近 5 分钟该股股价整体突破了 2%反转线的压制，确认了五新低模式的第一个低点就是 10.74 元价位，如图 3-8 和图 3-9 所示。

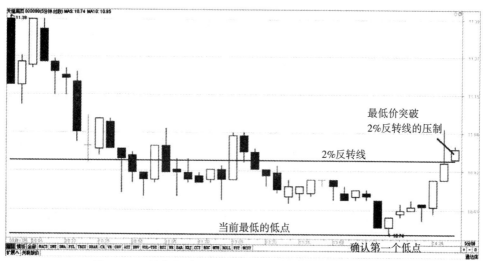

图 3-8　天健集团（000090）五新低模式，第一个低点确认

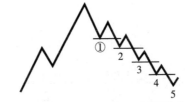

图 3-9　天健集团（000090）五新低模式完成度

2016 年 9 月 14 日 9：35，股价突然大幅低开，又大幅度下跌，创出更低的低点价位。如果后续股价一旦反转 2%，就可以确认第二个低点了，如图 3-10 所示。

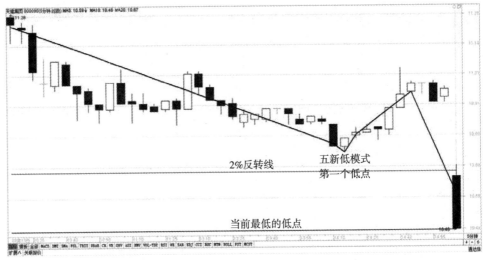

图 3-10　天健集团（000090）等待第二个低点

2016 年 9 月 14 日 9：55，股价回涨，并带动最低点站上了 2% 反转线，这就确认了五新低模式中的第二个低点，如图 3-11 和图 3-12 所示。

2016 年 9 月 14 日 13：40，股价基本上维持着横向盘整，但最近 5 分钟行情开始发力下跌，关键是创出了新的低点，预示着未来要形成新的第三个低点，如图 3-13 所示。

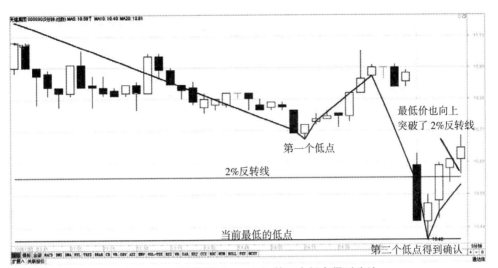

图 3-11 天健集团（000090）第二个低点得到确认

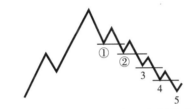

图 3-12 天健集团（000090）五新低模式完成度

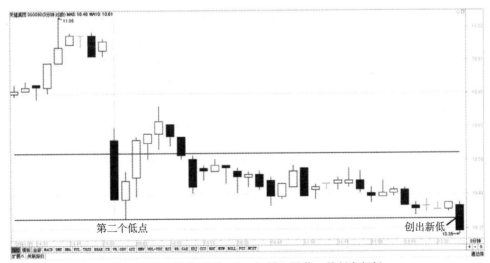

图 3-13 天健集团（000090）横向震荡，并创出新低

2016 年 9 月 19 日 14：00，股价的最低点随着股价的上涨而突破了 2% 反转线的压制，也就是说，这个形态直接确认了五新低模式的第三个低点，如图 3-14 和图 3-15 所示。

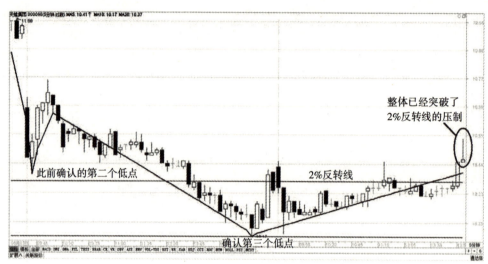

图 3-14　天健集团（000090）第三个低点得到确认

图 3-15　天健集团（000090）五新低模式完成度

2016 年 9 月 23 日 9：40，股价经过一轮明显的"头肩"形态后，最后开始大幅下跌，跌破了第三个低点的水平线，预示着将要出现第四个低点，如图 3-16 所示。

2016 年 9 月 26 日 11：30，股价上涨跟着带动最低价也向上突破了 2% 反转线的压制，更重要的是，这次突破直接确认了第四个低点就是 9.97 元价位，如图 3-17 和图 3-18 所示。

图 3-16 天健集团（000090）再创新低

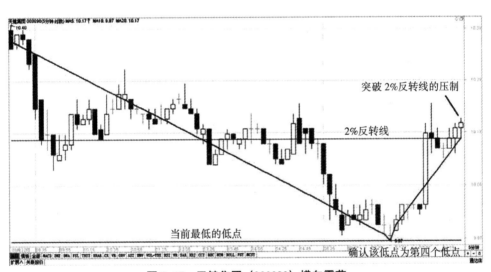

图 3-17 天健集团（000090）横向震荡

图 3-18 天健集团（000090）五新低模式完成度

2016 年 9 月 26 日 14：55，股价在之前突破 2%反转线之后并没有继续上行，而是重新进入下降通道，并再创出比第四个低点还低的低点，这很有可能将接近第五个低点了，可以寻找合适的买入机会，如图 3-19 所示。

图 3-19　天健集团（000090）再创新低，伺机买入

2016 年 9 月 27 日 10：20，股价止跌的同时也带动股价突破了均线的压制，调出 CCI 指标看，之前有过一次"底背离反转上涨信号"，预示着未来很有可能会有一波反弹甚至是反转，如图 3-20 所示。

图 3-20　天健集团（000090）买点出现

调出 MACD 指标一看，绿柱线不断地缩短，未来有可能"绿翻红"，也就是说，MACD 指标也提示股价有可能反转上涨，联系之前所说的股价上破均线的压制，这时就是不错的买点了，抓住这个时机买入，如图 3-21 所示。

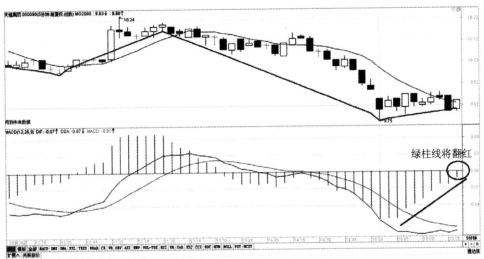

图 3-21 天健集团（000090）MACD 指标提示可以买入

2016 年 9 月 27 日 10：30，刚刚买入不久，股价开始小幅回调，还好没有回调太深。另外 MACD 指标提示将要进入上涨波段，持股的投资者这个时候意志一定要坚定，如图 3-22 所示。

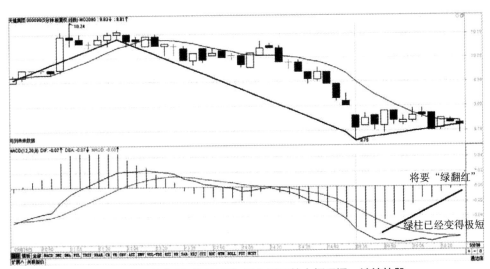

图 3-22 天健集团（000090）买入后开始小幅回调，继续持股

2016 年 9 月 27 日 10：40，股价走出一个大阳 K 线，主力庄家开始试盘，从 MACD 指标上可以看到"绿柱翻红"和低位金叉，提示继续持股更为有利，如图 3-23 所示。

图 3-23 天健集团（000090）大阳线出现，主力庄开始试盘

2016 年 9 月 27 日 14：25，股价开始回调洗盘，使之前对行情不乐观的投资者都震仓出局，留下的都是对后市看涨信念的坚定支持者，而 MACD 指标的低位二次金叉更是一个看涨的确认信号，如图 3-24 所示。

图 3-24 天健集团（000090）股价回调洗盘，坚定持股

2016 年 9 月 28 日 9：40，继此前 MACD 指标低位双金叉之后，股价开始大幅拉升，量能也没有出现任何异常，持股继续待涨，如图 3-25 所示。

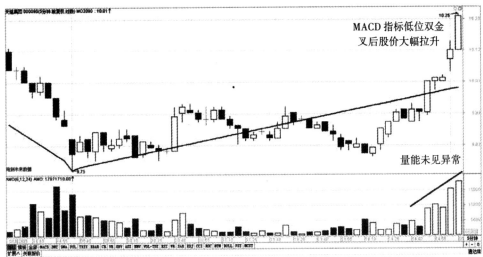

图 3-25 天健集团（000090）MACD 指标低位双金叉后，股价开始大幅拉升

2016 年 9 月 30 日 11：15，股价经过了漫长的横向盘整，上下波动幅度不足 2%，没有任何超短线的投资机会，量能又出现逐渐缩减的情况，说明这是主力机构在震仓洗盘，让意志不坚定的持有者震仓出局，如图 3-26 所示。

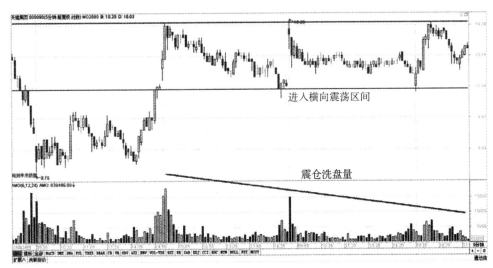

图 3-26 天健集团（000090）震仓洗盘，准备暴涨

2016 年 9 月 30 日 13：05，一根阳 K 线带量突破了震荡区间的上延，看上去震仓洗盘应该接近尾声了，持股者仍需耐心等待股价的最后一波上涨行情，如图 3-27 所示。

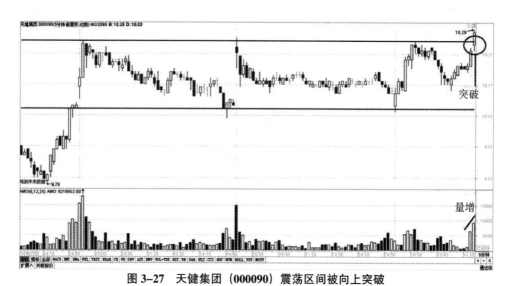

图 3-27 天健集团（000090）震荡区间被向上突破

2016 年 9 月 30 日 13：20，股价又开始小幅回调，幅度不大，很可能未来数分钟内会走出一个类似"上升三部曲"的 K 线形态，如图 3-28 所示。

图 3-28 天健集团（000090）未来要形成"上升三部曲"K 线形态

2016 年 9 月 30 日 13：30，股价果真如我们所愿走出了一个"上升三部曲"的 K 线形态来，这说明快要接近主升波段了，持股者拿稳了，如图 3-29 所示。

图 3-29　天健集团（000090）熬人的横向盘整即将结束

2016 年 9 月 30 日 14：00，股价连续创出新高，但从最后的两个 5 分钟 K 线上看，都带有一根不短的长上影线，说明这次试拉的结果是上升的，并且还有不小的压力，所以可能上升暂告一段落，接下来可能还有一段震仓行情等着我们，手中的股票一定要拿好了，不要被震仓吓出局就行，如图 3-30 所示。

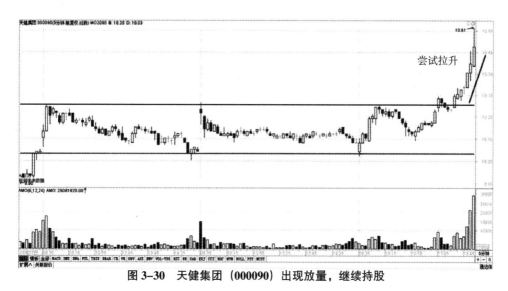

图 3-30　天健集团（000090）出现放量，继续持股

2016 年 9 月 30 日 14：35，股价连续回调，下跌的幅度不小，持股者一定不要被吓到，否则再进场就容易犯追高的错误，如图 3-31 所示。

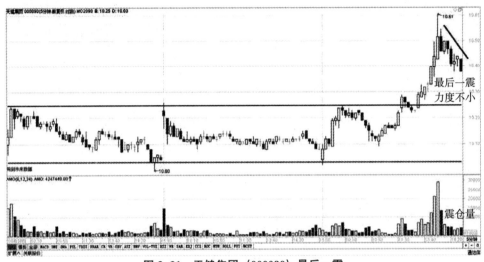

图 3-31　天健集团（000090）最后一震

2016 年 10 月 10 日 9：35，这个交易日一开盘就直接高开，在短短的 5 分钟内，一度上涨至 11.31 元的新高位，但是没能站稳，开始回落造成较明显的上影线，从量能上分析，这 5 分钟的量能是买入时的量能的数倍之多，虽然其他指标未发出卖出信号，但这个时候应该卖出一部分手中的股票，如图 3-32 所示。

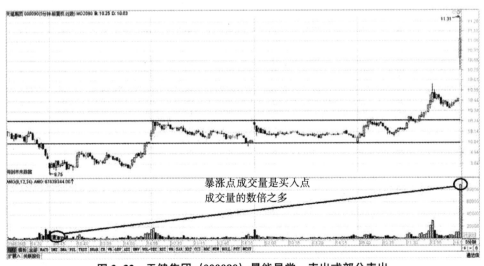

图 3-32　天健集团（000090）量能异常，卖出或部分卖出

本次五新低模式买入的成本价为 9.84 元，之后卖出的价位是 11.07 元，那么本次交易获利近 12%，这是相当不错的成绩了，如图 3-33 所示。

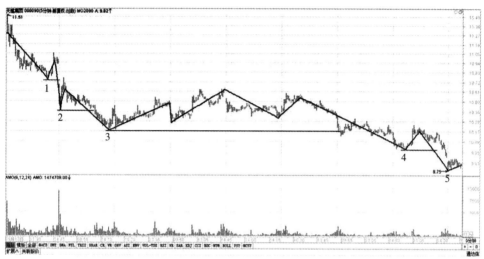

图 3-33 天健集团（000090）五新低模式全程交易

二、中南建设（000961），5 分钟走势图

中南建设（000961）这只股票前期股价一直处于较长期的缓慢上升趋势，近期股价拉高一飞冲天，但是量价不能同步，预示着这波上涨很可能是最后一波上升了，如图 3-34 所示。

2016 年 12 月 16 日 14∶00，个股中南建设当前最高的低点为 11.01 元。如果未来不再创出更高的低点时，则需要等待最低价向下跌破 2% 反转线的 10.79 元价位，如图 3-35 所示。

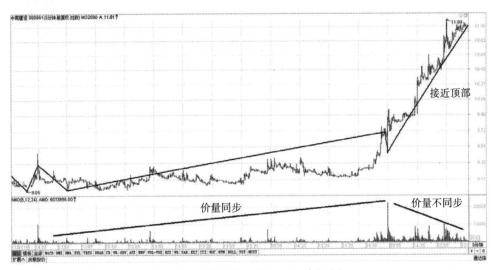

图 3-34　中南建设（000961）前期分析

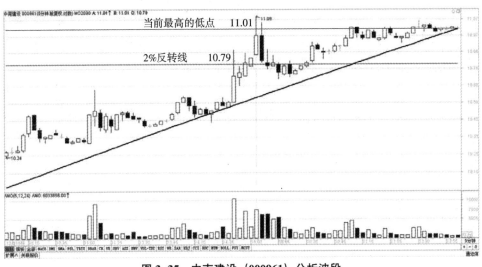

图 3-35　中南建设（000961）分析波段

2016 年 12 月 16 日 14：40，最高的低点随着前几分钟的创新高后，抬升为 11.09 元，如果未来不再创出更高的低点时，那么就需要等待最低价向下跌破 10.87 元的价位，如图 3-36 所示。

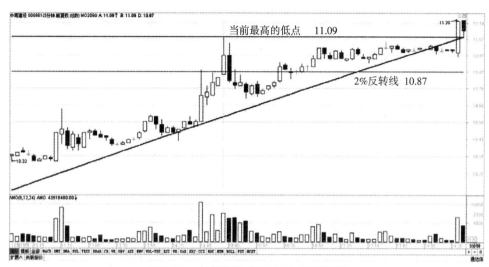

图 3-36 中南建设（000961）再创新高

2016 年 12 月 16 日 14：50，股价开始回调，不过这次回调的最低点并没有跌破 2%反转线的 10.87 元价位，如图 3-37 所示。

图 3-37 中南建设（000961）股价开始回调

2016 年 12 月 16 日 14：55，股价前几分钟跌破了 10.87 元这条 2%反转线，预示着 11.09 元是这个波段的顶部了，那么从现在开始，可以依次数底的个数了，如图 3-38 所示。

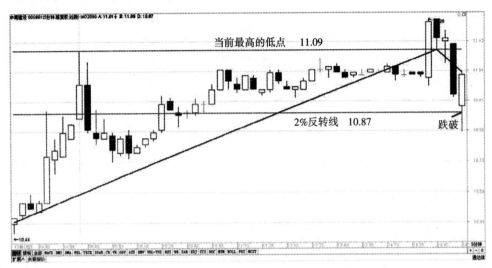

图 3-38　中南建设（000961）跌破 2%反转线

　　2016 年 12 月 19 日 11：30，股价在连续的震荡下跌后，开始反转上涨，最近 5 分钟时间内该股股价整体突破了 2%反转线的压制，这就确认了五新低模式的第一个低点就是 10.5 元价位，如图 3-39 和图 3-40 所示。

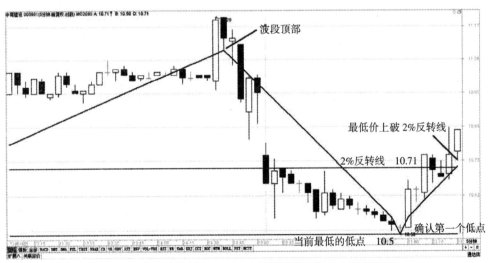

图 3-39　中南建设（000961）五新低模式，第一个低点确认

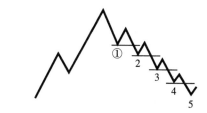

图3-40 中南建设（000961）五新低模式完成度

2016年12月20日9：50，股价经过低位横盘震荡后不久开始选择向下创出新低。如果后续股价一旦反转2%，那么我们就可以确认第二个低点了，如图3-41所示。

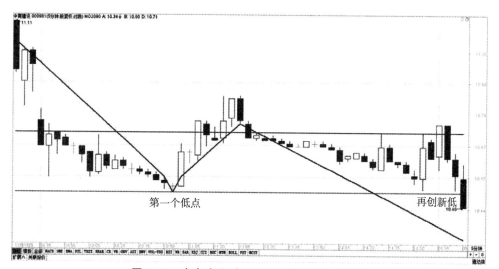

图3-41 中南建设（000961）等待第二个低点

2016年12月20日14：15，股价先是小幅横向震荡了一阵后开始转而上涨，并带动最低价站上了2%反转线，也因为这样，行情为我们确认了五新低模式中的第二个低点，如图3-42和图3-43所示。

2016年12月21日11：20，股价上涨了一小段后开始维持原有的下降趋势，最近5分钟行情一度跌破第二个低点位置，预示着未来要形成新的第三个低点，如图3-44所示。

图 3-42 中南建设（000961）第二个低点确认

图 3-43 中南建设（000961）五新低模式完成度

图 3-44 中南建设（000961）创出新低

2016 年 12 月 22 日 10：15，股价的最低点随着股价的上涨而突破了 2% 反转线的压制，这样的话就直接确认了五新低模式的第三个低点，如图 3-45 和图 3-46 所示。

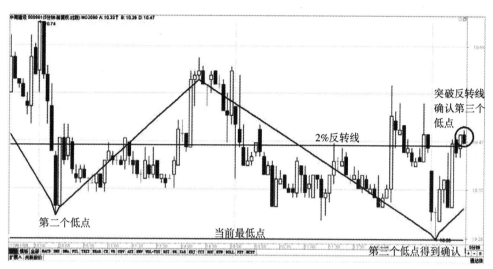

图 3-45　中南建设（000961）第三个低点得到确认

图 3-46　中南建设（000961）五新低模式完成度

2016 年 12 月 26 日 13：10，股价经过频繁而无趣的窄幅震荡后，最后还是选择了向下跌，并且本次下跌还创出了更低的低点，跌破了第三个低点的水平线，预示着将要出现第四个低点了，如图 3-47 所示。

2016 年 12 月 26 日 14：35，股价最近的上涨也带动了最低价向上突破 2% 反转线的压制，本次突破也直接确认了第四个低点的位置，如图 3-48 和图 3-49 所示。

图 3-47　中南建设（000961）再创新低

图 3-48　中南建设（000961）确认第四个低点

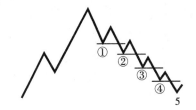

图 3-49　中南建设（000961）五新低模式完成度

2016 年 9 月 26 日 14∶55，股价在之前突破 2%反转线之后并没有继续上行，而是重新进入下降通道，并再次创出比第四个低点还低的低点，这很有可能将接近第五个低点了，可以寻找合适的买入机会，如图 3-50 所示。

图 3-50　中南建设（000961）再创新低，可以择机买入

2016 年 9 月 27 日 10∶20，股价止跌的同时也带动股价突破了均线的压制，调出 CCI 指标看，之前有过一次"底背离反转上涨信号"，预示着未来很有可能会有一波反弹甚至是反转，如图 3-51 所示。

图 3-51　中南建设（000961）买点出现

调出 MACD 指标一看，绿柱线不断地缩短，未来有可能"绿翻红"，也就是说，MACD 指标也提示股价有可能反转上涨，联系之前所说的股价上破均线的压制，这时就是不错的买点了，抓住这个时机买入，如图 3-52 所示。

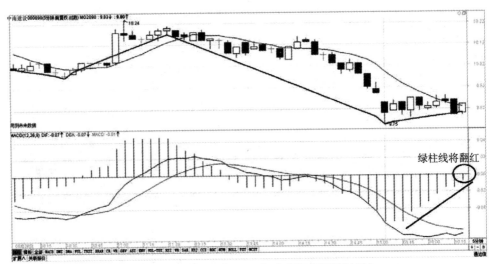

图 3-52 中南建设（000961）多指标提示可以买入

2016 年 9 月 27 日 10：30，刚刚买入不久，股价开始小幅回调，还好没有回调太深，另外 MACD 指标提示将要进入上涨波段，持股的投资者这个时候意志一定要坚定，如图 3-53 所示。

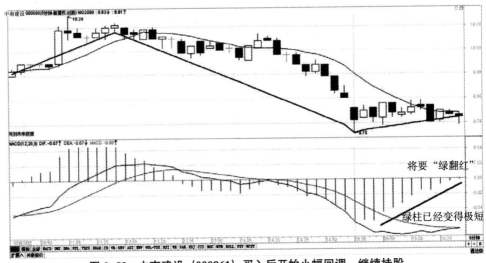

图 3-53 中南建设（000961）买入后开始小幅回调，继续持股

2016 年 9 月 27 日 10：40，股价走出一个大阳 K 线，主力庄家开始试盘，从
MACD 指标上可以看到"绿柱翻红"和低位金叉，提示继续持股更为有利，如图
3-54 所示。

图 3-54　中南建设（000961）大阳线出现，主力庄开始试盘

2016 年 9 月 27 日 14：25，股价开始回调洗盘，使之前对行情不乐观的投资
者都震仓出局，留下的都是对后市看涨信念的坚定支持者，而 MACD 指标的低
位二次金叉更是一个看涨的确认信号，如图 3-55 所示。

图 3-55　中南建设（000961）股价回调洗盘，坚定持股

2016年9月28日9：40，继此前MACD指标低位双金叉之后，股价开始大幅拉升，量能也没有出现任何异常，持股继续待涨，如图3-56所示。

图3-56　中南建设（000961）MACD指标低位双金叉后，股价开始大幅拉升

2016年9月30日11：15，股价经过了漫长的横向盘整，上下波动幅度不足2%，没有任何超短线的投资机会，量能又出现逐渐缩减的情况，说明这是主力机构在震仓洗盘，让意志不坚定的持有者震仓出局，如图3-57所示。

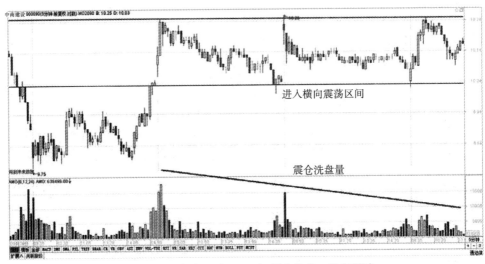

图3-57　中南建设（000961）震仓洗盘，准备暴涨

2016 年 9 月 30 日 13：05，一根阳 K 线带量突破了震荡区间的上延，看上去震仓洗盘应该接近尾声了，持股者仍需耐心等待股价的最后一波上涨行情，如图 3-58 所示。

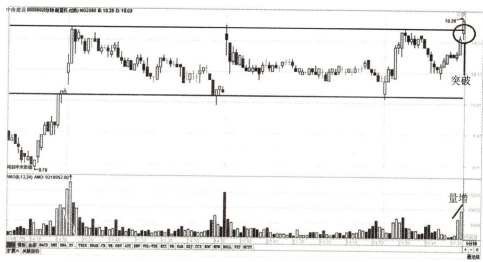

图 3-58　中南建设（000961）震荡区间被向上突破

2016 年 9 月 30 日 13：20，股价又开始小幅回调，幅度不大，很可能在未来数分钟内会走出一个类似"上升三部曲"的 K 线形态，如图 3-59 所示。

图 3-59　中南建设（000961）未来要形成"上升三部曲"K 线形态

2016 年 9 月 30 日 13：30，股价果真如我们所愿走出了一个"上升三部曲"的 K 线形态来，这说明快要接近主升波段了，持股者拿稳了，如图 3-60 所示。

图 3-60　中南建设（000961）熬人的横向盘整即将结束

2016 年 9 月 30 日 14：00，股价连续创出新高，但从最后的两个 5 分钟 K 线上看，都带有一根不短的长上影线，说明这次试拉的结果是上升的，并且还有不小的压力，所以可能上升暂告一段落，接下来可能还有一段震仓行情等着我们，手中的股票一定要拿好了，不要被震仓吓出局就行，如图 3-61 所示。

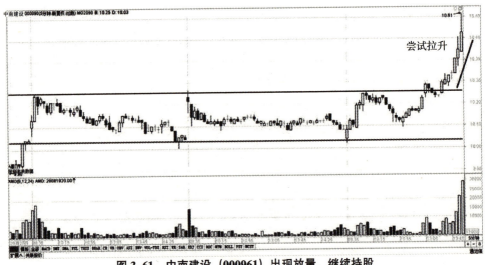

图 3-61　中南建设（000961）出现放量，继续持股

2016年9月30日14：35，股价连续回调，下跌的幅度不小，持股者一定不要被吓到，否则再进场就容易犯追高的错误，如图3-62所示。

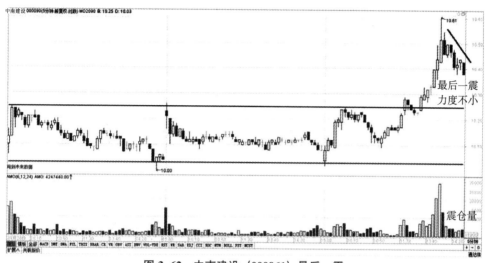

图3-62　中南建设（000961）最后一震

2016年10月10日9：35，这个交易日一开盘就直接高开，在短短的5分钟内，一度上涨至11.31元的新高位，但是没能站稳，开始回落造成较明显的上影线，从量能上分析，这5分钟的量能是买入时的量能的数倍之多，虽然其他指标未发出卖出信号，但这个时候多少应该卖出一部分手中的股票，如图3-63所示。

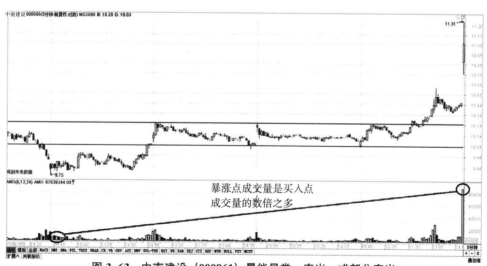

图3-63　中南建设（000961）量能异常，卖出，或部分卖出

本次五新低模式买入的成本价为 9.84 元，之后卖出的价位是 11.07 元，那么本次交易获利近 12%，这是相当不错的成绩了，如图 3-64 所示。

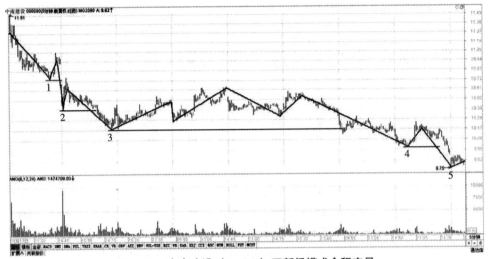

图 3-64　中南建设（000961）五新低模式全程交易

三、五矿发展（600058），5 分钟走势图

五矿发展（600058）前期一直处于高位震荡中，近期行情也一直徘徊在该横向区间内，关键看未来行情向哪个方向突破。如果向上突破，激进的投资者可以尝试在突破点买入；如果是向下突破，可以期待在更低的价格时买入，如图 3-65 所示。

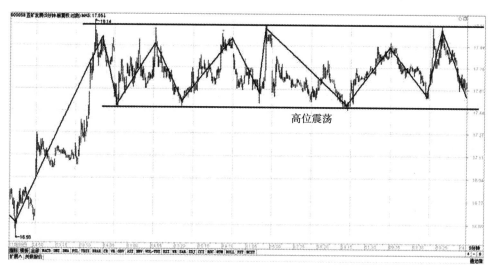

图 3-65　五矿发展（600058）前期分析

2016 年 11 月 24 日 13：30，当前最高的低点为 18.08 元，要是以后股价不能再向上创出更高的低点时，那么就需要等到股价跌破 2%反转线之下，甚至跌破当前最低点，如图 3-66 所示。

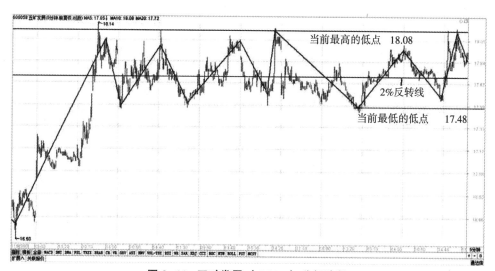

图 3-66　五矿发展（600058）分析波段

2016 年 11 月 24 日 13：55，股价开始逐步回调，而且股价已经向下突破了 2%反转线的位置之下，如图 3-67 所示。

图 3-67 五矿发展（600058）股价开始回调

2016 年 11 月 25 日 9：55，股价一路下滑，然后近 5 分钟里创出新的低点，这就确认五低点模式中的第一个低点位置，如图 3-68 和图 3-69 所示。

图 3-68 五矿发展（600058）五新低模式，第一个低点确认

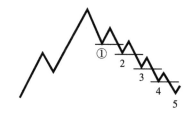

图 3-69 五矿发展（600058）五新低模式完成度

2016 年 11 月 25 日 9：55，我们将当前最低点的 1.02 倍，作为一个衡量标准线。如果未来行情向上突破了该线，则可确认第二个低点就是当前最低点。如果股价还不断创出新低，那么就按行情创出的新低计算 1.02 倍，如图 3-70 所示。

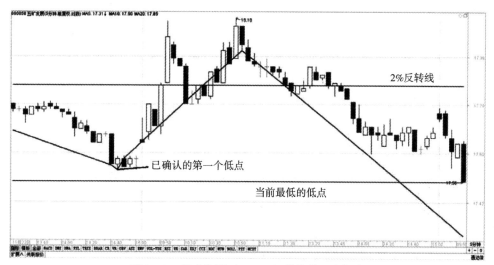

图 3-70 五矿发展（600058）等待第二个低点

2016 年 11 月 25 日 10：10，目前股价已经下跌到了 17.23 元的低位，如果未来行情能上涨到 2%反转线之上时，就可以确认当前最低点就是第二个低点，否则，还需要不断调整相关数据，如图 3-71 所示。

2016 年 11 月 28 日 9：35，股价逐渐回涨上来，并且最低点也站到了 2%反转线之上，这标志着我们可以确认五新低模式中的第二个低点就是 17.23 元的位置，如图 3-72 和图 3-73 所示。

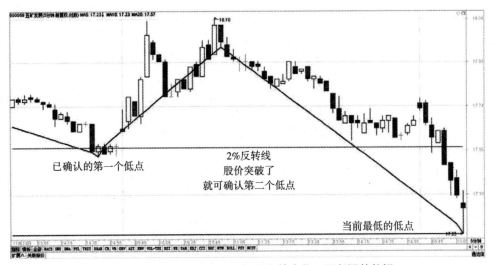

图 3-71 五矿发展（600058）随行情变化，不断调整数据

图 3-72 五矿发展（600058）第二个低点确认

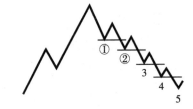

图 3-73 五矿发展（600058）五新低模式完成度

2016 年 11 月 30 日 9：35，五矿发展的股价再次创出比第二个低点更低的价位，预示未来要形成五新低模式的第三个低点，如图 3-74 所示。

图 3-74　五矿发展（600058）创出新低，期待第三个低点

2016 年 12 月 1 日 11：20，最新的股票最低价已经向上突破了 2% 反转线的压制，也就是说，这个形态直接确认了五新低模式中的第三个低点，如图 3-75 和图 3-76 所示。

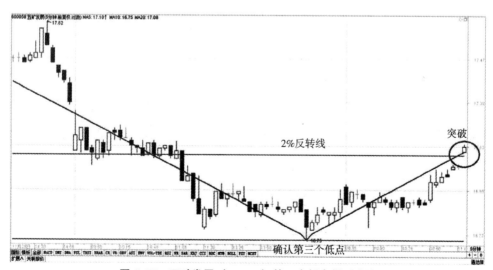

图 3-75　五矿发展（600058）第三个低点得到确认

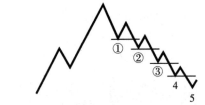

图 3-76　五矿发展（600058）五新低模式完成度

2016 年 12 月 2 日 11：15，股价经过一段时间的震荡后，最后选择了继续向下跌，并且跌过了此前第三个低点的价位，说明不久就要形成五新低模式中的第四个低点了，如图 3-77 所示。

图 3-77　五矿发展（600058）再创出新低

2016 年 12 月 16 日 11：00，股价之前在 2% 反转线和最低点附近横向震荡了很长一段时间，但最后股价还是选择了向上突破，也因为这样，确认了第四个低点就是 15.43 元价位，如图 3-78 和图 3-79 所示。

2016 年 12 月 26 日 9：50，该股股价在之前突破 2% 反转线之后并没有继续上行，而是重新进入下降通道，并再创出比第四个低点还低的低点，这很有可能将接近第五个低点，也应该可以寻找合适的买入机会了，如图 3-80 所示。

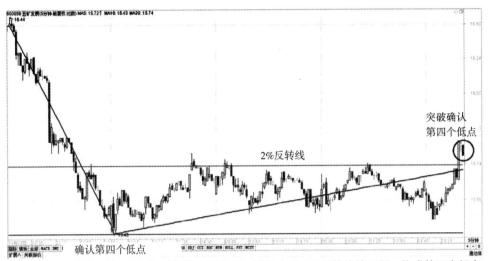

图 3-78　五矿发展（600058）长期横向震荡后，股价上破 2% 反转线的压制，构成第四个低点

图 3-79　五矿发展（600058）五新低模式完成度

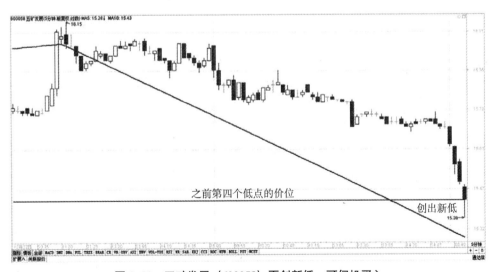

图 3-80　五矿发展（600058）再创新低，可伺机买入

2016 年 12 月 26 日 10：50，调出 MACD 指标可以看到红绿柱有底背离的买入信号，这时我们可以先行买入了，如图 3-81 所示。

图 3-81　五矿发展（600058）买点出现

在我们买入该股后，股价开始缓慢地上升，但并没有带来多少利润，另外也没有卖出信号发出，所以持股观望，如图 3-82 所示。

图 3-82　五矿发展（600058）买入后股价缓慢上升

2016 年 12 月 28 日 9∶55，股价在成本价之上横向震荡了一段时间，不影响我们持有该股，如图 3-83 所示。

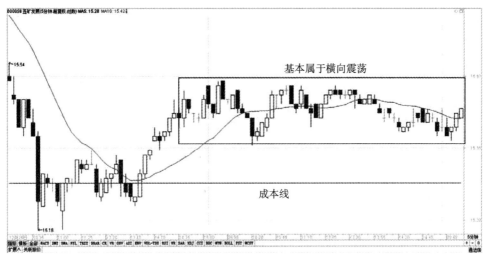

图 3-83 五矿发展（600058）横向震荡，未低于成本，仍持有

2016 年 12 月 29 日 11∶15，股价再次进入我们的成本价附近，也并未创出新低，应该说是一个不错的补仓时机，如果错过了之前的买入机会，则这时就是很好的补票买入机会了，如图 3-84 所示。

图 3-84 五矿发展（600058）补仓机会

随后也有多次补仓的机会，因为持股时，盘中的账面盈利始终没有超过3%，所以卖出去实在没有利润可图，交易不能一分钱都不赚，所以坚定持股，等待更好的卖点出现，如图3-85所示。

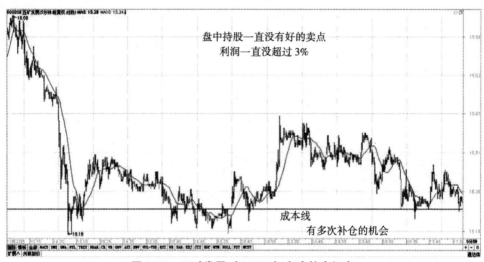

图3-85　五矿发展（600058）多次补仓机会

2017年1月11日14：25，在近5分钟内，股价一改以往沉闷的气氛，突然向上大幅走高，上涨了3.17%，如图3-86所示。

图3-86　五矿发展（600058）大涨开始

2017 年 1 月 11 日 14：30，股价再次快速走高，如图 3-87 所示。

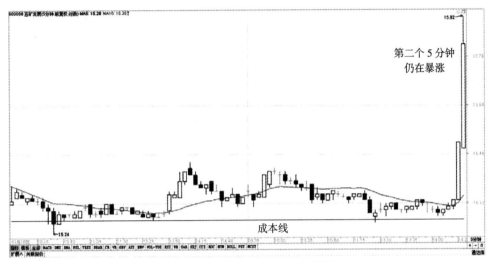

图 3-87　五矿发展（600058）暴涨

2017 年 1 月 11 日 14：35，股价再次快速走高，但是在创出新高时上影线越来越长，成交额越来越高，又因为我们做的是超短线，应该快进快出，见好就收，鉴于此种情况，不必考虑其他的，应该马上把账面利润变成现金，这就是说，我们应该卖出这只股票，如图 3-88 所示。

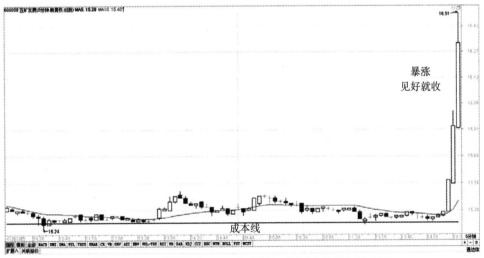

图 3-88　五矿发展（600058）暴涨，超短线就是卖出时机

在我们卖出后不久，股价就开始不断地向下滑落，让看似已经到手的账面利润逐渐缩水，最后已经快接近成本价了，如果没有及时卖出，那么将是白干一场，如图 3-89 所示。

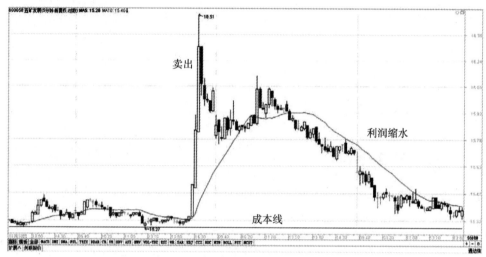

图 3-89　五矿发展（600058）卖出后的后续走势（一）

如果还坚持持股，那么股价还将继续下跌，跌到你绝望，并让你以更便宜的价格卖给别人，曾经的盈利变成亏损，不仅白忙一场，而且还要倒贴进去，如图 3-90 所示。

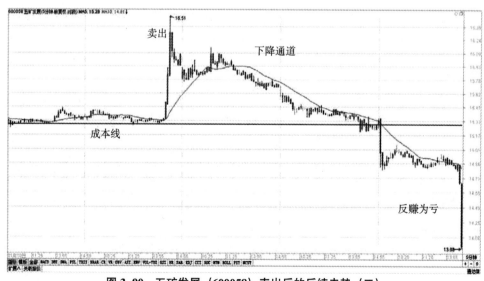

图 3-90　五矿发展（600058）卖出后的后续走势（二）

本次五新低模式买入的成本价为 15.28 元，之后卖出的价位是 16.32 元，那么本次交易获利约 7%，也算相当不错的成绩了，如图 3-91 所示。

图 3-91 五矿发展（600058）五新低模式全程交易

四、东方市场（000301），5 分钟走势图

第一眼看到该股时，此前的走势还相当不错。但是这个时候不是较好的买入时机，我们希望在它回调到一定程度后再介入，以最大限度地降低交易风险，如图 3-92 所示。

图3-92 东方市场（000301）前期分析

2016年11月16日10：25，当前最高的低点为4.89元。要是以后股价不能再向上创出更高的低点时，那么就需要等到股价下跌超过2%，才能进一步分析是不是可以开始计算新低个数，如图3-93所示。

图3-93 东方市场（000301）分析波段

2016年11月16日10：30，股价开始逐步回调到我们设置的买入线，因为此前股价放出异常的大量，但又未见明显的跌势，预计未来可能会有一段利润可以吃到，但是如果吃不到，就得止损认错，避免更大的损失，如图3-94所示。

图 3-94　东方市场（000301）　短线博弈

2016 年 11 月 16 日 13：05，直接封住涨停板，账面利润直接飙升至 10%，因为是短线，所以可以选择在这个时候多出一些，坚持见好就收的原则，如图3-95所示。

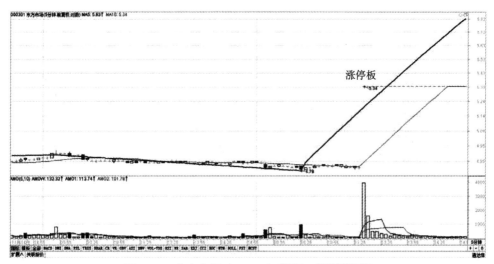

图 3-95　东方市场（000301）博弈，收获涨停板

2016 年 11 月 17 日 9：35，这个交易一开始就直接封住涨停板，这本来是个好事，但是后期盘中走势给人不好的感觉，短线投资者可以分批卖出该股股票，见好就收为上上之策，切勿恋战，如图 3-96 所示。

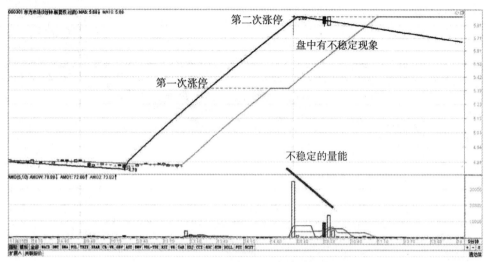

图 3-96　东方市场（000301）连续第二个涨停板

2016 年 11 月 18 日 10：15，就在我们卖出该股的时候不久，股价开始回调了，并且跌穿了 2% 反转的水平线，这标志着如果行情不能再创新高，很可能接下来就可以让我们数新低次数了，如图 3-97 所示。

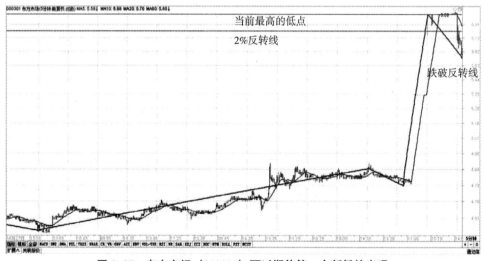

图 3-97　东方市场（000301）可以期待第一个新低的出现

2016 年 11 月 18 日 10：25，股价开始有所反弹，并且试图向上突破 2% 反转线的压制，但是暂时没有成功向上突破，如图 3-98 所示。

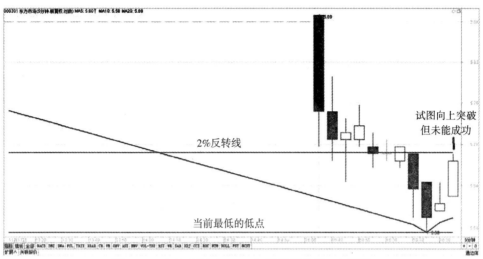

图 3-98　东方市场（000301）即将出现第一个新低

2016 年 11 月 18 日 10：35，股价继续对 2% 反转线进行冲击，虽然曾一度站在 2% 反转线之上，但没有坚持多久就跌了下来，最终以失败告终，如图 3-99 所示。

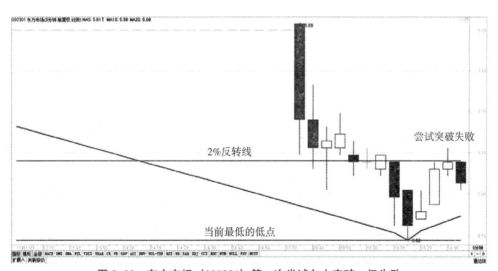

图 3-99　东方市场（000301）第一次尝试向上突破，但失败

2016 年 11 月 18 日 13：05，股价再次对 2% 反转线进行冲击，并且成功带动最低价也站于其上，表明之前的那个低点就是五新低模式中的第一个低点，接下来我们可以期待第二个、第三个……新低点出现了，如图 3-100 和图 3-101

所示。

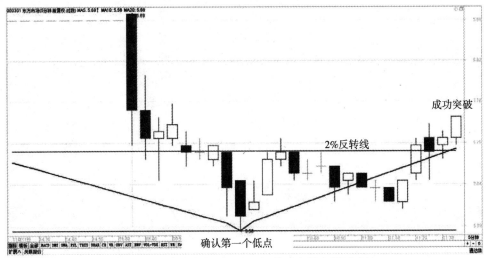

图 3-100 东方市场（000301）第一个低点得到确认

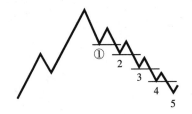

图 3-101 东方市场（000301）五新低模式完成度

2016 年 11 月 21 日 10：15，股价反弹了一段后，开始向下跌，并且跌到了比第一个低点位置还要低的价位，这预示着快要到第二个低点了，如图 3-102 所示。

图 3-102　东方市场（000301）等待第二个低点

2016 年 11 月 21 日 11：10，股价盘中一度超过了 2%反转线之上，但是最低价并没有站于其上，这要看未来股价能不能带动最低价也站于其上了，如图 3-103 所示。

图 3-103　东方市场（000301）是不是第二个低点

2016 年 11 月 21 日 13：30，股价在上次尝试突破 2%反转线失败之后，就再也没有像样的反击，而是一路下滑，最近 5 分钟股价几乎创出了更低的低点，如图 3-104 所示。

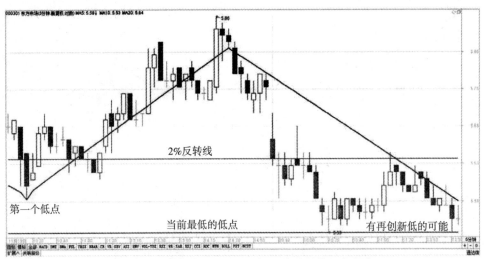

图 3-104 东方市场（000301）可能不是第二个低点

2016 年 11 月 21 日 14∶05，股价再次下跌并跌穿了此前的最低点水平线，这说明第二个低点在一个更低的价位，如图 3-105 所示。

图 3-105 东方市场（000301）再创新低

2016 年 11 月 22 日 10∶35，股价逐渐回涨上来，并且最低点也站到了 2% 反转线之上，这就为我们确认了五新低模式中的第二个低点就是 5.4 元的价位上，如图 3-106 和图 3-107 所示。

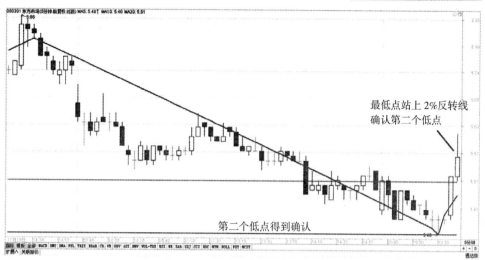

图 3-106　东方市场（000301）第二个低点得到确认

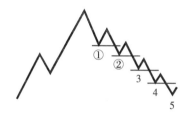

图 3-107　东方市场（000301）五新低模式完成度

2016 年 11 月 24 日 9：35，东方市场的股价再次创出比刚确认不久的第二个低点更低的价位，预示未来将要形成五新低模式的第三个低点，如图 3-108 所示。

图 3-108　东方市场（000301）再创出新低，期待第三个低点出现

　　2016 年 11 月 24 日 14：00，股价被压制在一段狭窄的区间内震荡，如果行情未来能够向上涨超过 2%，就可以确认第三个低点，否则还有可能再创出更低的低点，如图 3-109 所示。

图 3-109　东方市场（000301）股价被压缩在狭窄的区间内震荡

　　2016 年 11 月 25 日 14：25，最新的股票最低价已经向上突破了 2% 反转线的压制，也就是说，这个形态直接确认了五新低模式中的第三个低点，如图 3-110 和图 3-111 所示。

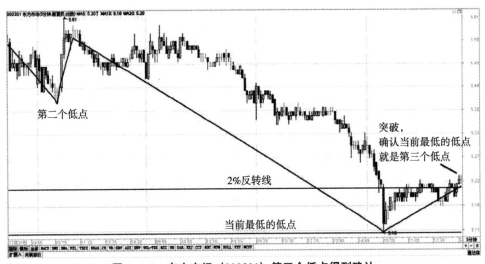

图 3-110　东方市场（000301）第三个低点得到确认

图 3-111 东方市场（000301）五新低模式完成度

2016 年 12 月 2 日 14：50，股价经过一时间的震荡后，最后还是选择了下跌，并且跌过了此前第三个低点的价位，意味着不久的将来就要形成五新低模式中的第四个低点了，如图 3-112 所示。

图 3-112 东方市场（000301）再创新低

2016 年 12 月 7 日 12：55，股价开始向上爬升，并且最低价已经高于 2%反转线的水平上，这样确认之前的 5.00 元水平就是第四个低点，如图 3-113 和图 3-114 所示。

图 3-113　东方市场（000301）第四个低点得到确认

图 3-114　东方市场（000301）五新低模式完成度

2016 年 12 月 12 日 11：15，股价逐渐震荡下滑，最后一口气跌破了第四个低点的水平支撑线，意味着快要接近第五个低点了，也意味着我们可以准备伺机买入了，如图 3-115 所示。

图 3-115　东方市场（000301）再创新低，可以伺机寻找买点

2016 年 12 月 13 日 9：40，观察 MACD 指标发现，这几个交易日一直处在双重底背离看涨形态中，这是个不错的介入时机，我们决定在这个 5 分钟内买入，如图 3-116 所示。

图 3-116　东方市场（000301）观察 MACD 指标，发现买点，买入

2016 年 12 月 13 日 14：20，在我们上午买入后，下午行情马上拉升了一段，虽然幅度不大，但总比下跌来得好，如图 3-117 所示。

图 3-117　东方市场（000301）买入后股价开始上升

2016 年 12 月 14 日 10：50，股价再次回调到我们的买入成本价，但是好在暂时没有跌破成本线，继续持股，如图 3-118 所示。

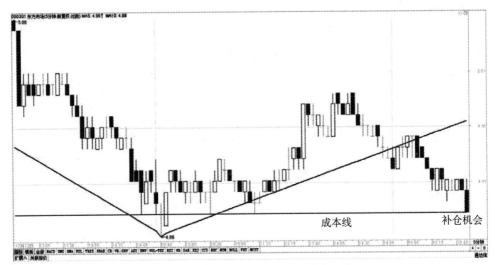

图 3-118 东方市场（000301）补仓机会

2016 年 12 月 14 日 13：35，股价在之前回调到我们的成本价之后，又开始反转向上了，如图 3-119 所示。

图 3-119 东方市场（000301）回升

2016 年 12 月 15 日 9∶35，股价在该交易日一开始的前 5 分钟内低开，然后较大幅度地震荡，好在最后行情又回升到了相对最高的位置，继续持股，如图 3–120 所示。

图 3–120 东方市场（000301）异常波动

2016 年 12 月 15 日 10∶25，股价创出更高的高点，账面利润提升至 2.4%，如图 3–121 所示。

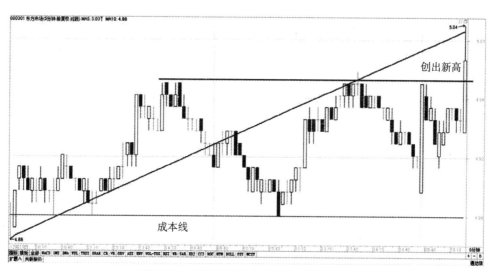

图 3–121 东方市场（000301）创出新高

2016 年 12 月 16 日 9：50，股价继续向上创出新高，我们的账面利润提升至 5%，如图 3–122 所示。

图 3–122　东方市场（000301）再创新高（一）

2016 年 12 月 16 日 13：40，股价再次创出新高，在最后一两分钟内可以看到我们的账面利润已经达到 7%，如图 3–123 所示。

图 3–123　东方市场（000301）再创新高（二）

调出成交额或成交量指标，我们发现已经出现了量价背离的卖出信号，见好就收吧，账面有约 6% 的利润，直接清仓了，如图 3-124 所示。

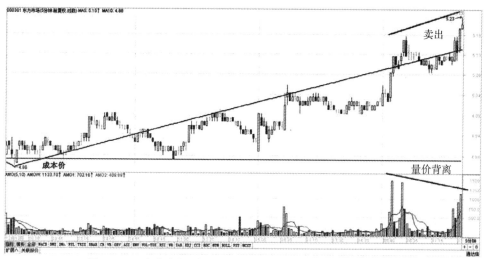

图 3-124 东方市场（000301）量价背离，开始逐步卖出退场

就在我们卖出该股后不久，股价又再次创出了更高的高点，可是事情不能做得太绝，应该做自己有把握的、有能力做的，对于最高点能不能吃到并不重要，重要的是稳定盈利，如图 3-125 所示。

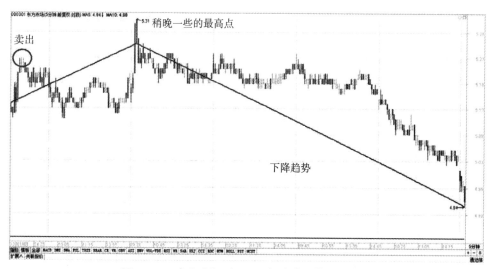

图 3-125 东方市场（000301）卖出后的后续走势

　　本次五新低模式买入的成本价为 4.88 元，之后卖出的价位是 5.22 元，本次交易获利 6.9%，算得上是相当不错的成绩，如图 3-126 所示。

图 3-126　东方市场（000301）五新低模式全程交易

第四章　二次深跌模式

什么是二次深跌模式？

二次深跌是指在股价回调的过程中，连续两次下跌幅度超过5%甚至以上，这个时候抢反弹有较高的胜算，我们就为这个形态命名为二次深跌模式，对于短线投资者来说，这是一个不错的深跌抢反弹的好机会，预计可以拿到平均5%左右的收益。

这个形态可以单独使用，不必等到出现五新低、六新低模式的出现，如图4-1所示。

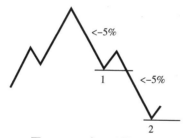

图4-1　二次深跌模式

买入点：

（1）有多个指标给出看好的信号或反转信号。

（2）创出两次新低。

（3）突破下降趋势线或均线。

（4）第一点必需要有，第二点和第三点符合一个就行。

卖出点：

（1）价量背离。

（2）跌破上升趋势线或均线的支撑。

（3）反转波下跌超过2%。

（4）其他技术指标提示顶背离。

下面用四个案例完整地讲解二次深跌模式的整个交易过程。

一、天健集团（000090），5分钟走势图

前期股价，一直处于上升趋势中，最近半小时虽然股价略有回调，但未超过5%以上的跌幅，也就是说，股价还没有达到第一次下跌的要求，除非追涨，否则没有理由买入该股，如图4-2所示。

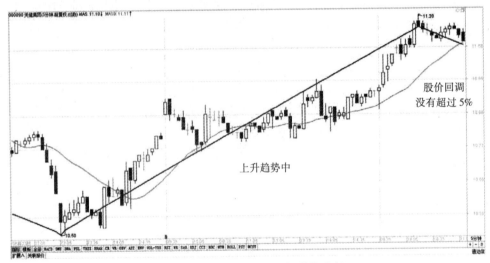

图4-2　天健集团（000090）前期分析

约两个交易日后，该股股价开始回调，但是累计回调幅度仍未超过5%，想抢反弹的投资者还需要耐心等待，股市里最不缺的是机会，如图4-3所示。

回调幅度不足5%，然后开始了新一轮的上涨，这个时候只适合追高，如果捡个便宜价又不想冒追高的风险的话，最好还是期待二次深跌模式的出现，如图4-4所示。

图4-3 天健集团 (000090) 回调幅度不足

图4-4 天健集团 (000090) 股价继续拉升

股价再一次回调，但幅度只有3.9%，连4%都不到，更不用说是5%以上了，除非追高买入，否则还是不推荐在这里抢反弹，当然追高有追高的好处，这个用均线系统去交易就比较好，不过本书教大家的是短线抢反弹的技术，所以均线交易不是本书的主要内容，如图4-5所示。

图4-5　天健集团（000090）再次回调，但是幅度不到4%

　　如果前边用了均线交易系统，那么这一段的利润应该能够吃到，不过如果按二次深跌模式来看的话，那还需要时间来等待模式的出现才行，如图4-6所示。

图4-6　天健集团（000090）股价再次上升

　　股价开始小幅回调，有没有可能回调超过5%呢？希望后续走势给出答案，如图4-7所示。

图 4-7　天健集团（000090）回调幅度太小

　　股价再一次快速拉升，并创出了更高的高点，这个时候最容易导致暴跌或者高位大幅度震荡，也就很有可能出现二次深跌的形态，如图 4-8 所示。

图 4-8　天健集团（000090）再次拉升，再创新高

　　原来预计会高位大幅度震荡，从而形成一两次或多次的深跌回调，可现在看来，回调的幅度实在太小了，还达不到深跌的要求，还需要静观其变，等待时机，如图 4-9 所示。

图 4-9　天健集团（000090）期待中的回调，可是幅度太小

才回调不多，就马上反弹，并且创出了又一个新高，只能期待它创出新高后，开始大幅回落了，如图 4-10 所示。

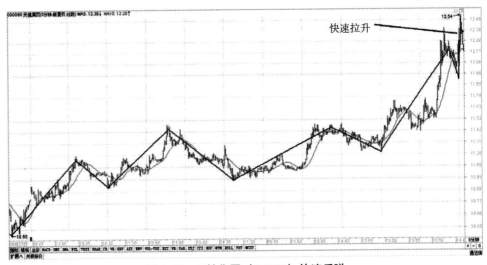

图 4-10　天健集团（000090）快速反弹

就在刚刚快速创出新高后不久，股价就开始大幅度回调了，并且下跌正好超过 5%，这是不是二次深跌模式中的第一次？还不好说，应该连续两次才能确认，如图 4-11 和图 4-12 所示。

图 4-11 天健集团（000090）第一次深跌

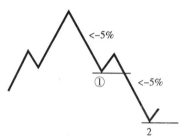

图 4-12 天健集团（000090）二次深跌模式完成度

就在疑似第一次深跌之后不久，股价又开始了大幅拉升，一度拉到前期高点附近，但没能创出新高，但是 ZIG 指标的最高点却比前期高点更高，这说明刚才出现的疑似第一次深跌的形态是不可信的，因为二次深跌模式时，需要从最高的 ZIG 指标（图上粗黑线最高点）值起算，如图 4-13 所示。

图4-13 天健集团（000090）深跌后再次大幅拉升

股价再次暴跌，并且累计下跌了超过7%，将近8%的跌幅，这样看来，本次下跌很可能就是二次深跌模式中的第一次深跌，如图4-14和图4-15所示。

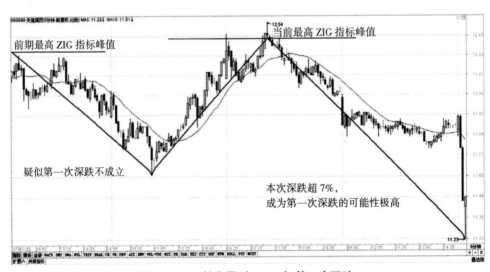

图4-14 天健集团（000090）第一次深跌

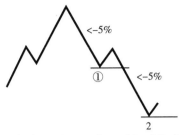

图 4-15 天健集团（000090）二次深跌模式完成度

　　股价随后反弹得不多，这就预示着未来不久股价还将下跌一段，如果幅度足够多，跌过5%甚至更多时，就可以伺机买入了，因为这已经形成了二次深跌的买入形态，如图 4-16 所示。

图 4-16　天健集团（000090）小幅度的反弹，期待更大幅度的下跌，超过5%以上就可以伺机买入

　　反弹一小段之后，股价上涨乏力，正要向下跌，作一条该高点的 0.98 倍线，如果股价下跌到这条线以下，说明反转得到确认，如图 4-17 所示。

　　之前作的 2% 反转线已经被击穿，说明行情向上的可能性变小，而向下跌的可能性增加，然后我们再观察跌幅是否超过 5%，如果超过了 5%，就可以伺机寻找买入点了，如图 4-18 所示。

图 4-17　天健集团（000090）最近的高点是否反转超过 2%

图 4-18　天健集团（000090）确认反转向下

　　股价一步步下跌，最终接连跌穿 2% 反转线、5% 反转线，并最终促成二次深跌模式的完成，这个时候我们可以开始寻找安全可靠的买点了，如图 4-19 和图 4-20 所示。

　　2017 年 7 月 18 日 9 时 45 分，我们在 MACD 指标图上看到红绿柱有底背离现象，并以此作为买入信号买入该股，成本价约为 11.05 元，如图 4-21 所示。

图 4-19　天健集团（000090）确认反转向下超过 5%，确认二次深跌模式成立

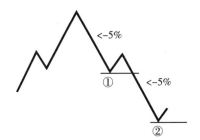

图 4-20　天健集团（000090）二次深跌模式完成度

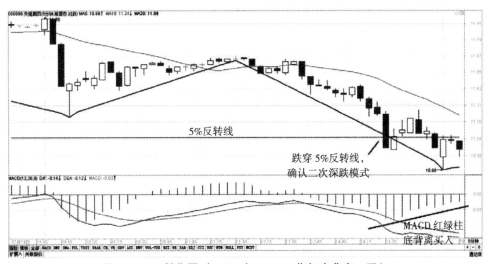

图 4-21　天健集团（000090）MACD 指标底背离，买入

2017 年 7 月 18 日 14 时 5 分，股价在没有明显放量的情况下，依然创出新高，这是好兆头，继续持股，如图 4-22 所示。

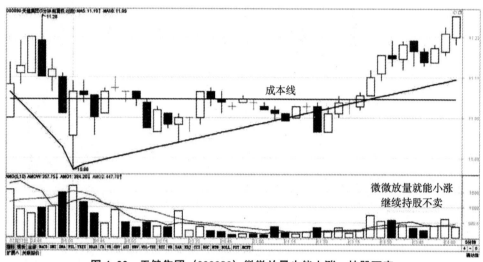

图 4-22　天健集团（000090）微微放量也能上涨，持股不卖

2017 年 7 月 20 日 9 时 45 分，股价明显拉升并放量，这种情况应该做好两手准备，一是准备卖，一是准备发财，如图 4-23 所示。

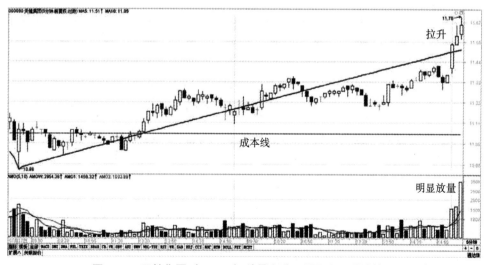

图 4-23　天健集团（000090）放量上升，需要小心谨慎持股

2017 年 7 月 20 日 13 时 35 分，由于没有量能的持续跟进，导致股价在高位持续横盘，如图 4-24 所示。

图 4-24 天健集团（000090）量能没跟上，高位横盘

5 分钟后，股价开始放量，并创出了新高，但是量能上有背离的卖出信号，这时如果不确认是否应该卖出，就调出 MACD 指标，看看该指标是否支持卖出，如图 4-25 所示。

图 4-25 天健集团（000090）量能没跟上，还是高位横盘

又 5 分钟后，可以从 MACD 指标上看到也同样出现了顶背离的卖出信号，坚决卖出，落袋为安，如图 4-26 所示。

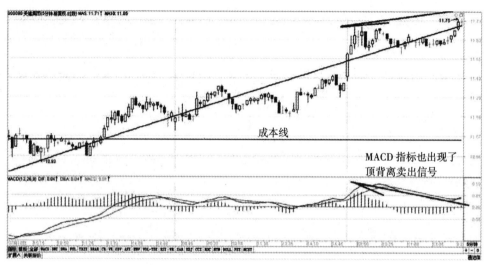

成本线

MACD 指标也出现了
顶背离卖出信号

图 4-26　天健集团（000090）MACD 指标顶背离，确认卖出

本次二次深跌模式买入的成本价为 11.05 元，之后卖出的价位是 11.73 元，所以本次交易获利 6%，这个利润也不算低了，如图 4-27 所示。

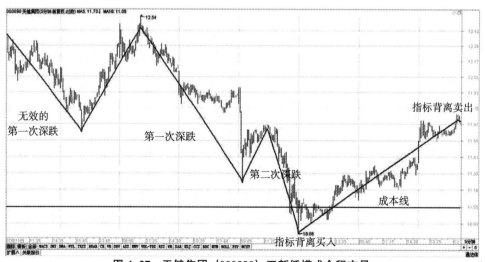

无效的
第一次深跌

第一次深跌

第二次深跌

指标背离卖出

成本线

指标背离买入

图 4-27　天健集团（000090）五新低模式全程交易

二、黄山旅游（600054），5分钟走势图

股价当前一直以上升趋势为主，还未出现加大幅度的回调，如图4-28所示。

图4-28 黄山旅游（600054）前期分析

2017年4月27日9：55，股价拉出一个超长阴线，将股价瞬间拉下了3%左右的跌幅，就看之后股价还能不能再向下跌超过5%，如图4-29所示。

图4-29 黄山旅游（600054）突然下跌

2017 年 4 月 27 日 14：20，股价并没有像之前预计的那样继续下跌超过 5%，而是反转向上进入又一轮的上升趋势，这样只能期待下一次股价能回调超过 5% 了，如图 4-30 所示。

图 4-30　黄山旅游（600054）未跌足 5%，又反转向上

2017 年 4 月 27 日 15：00，股价略有回调，我们做出最高价的 0.98 倍线，用以衡量股价是否属于反转，如图 4-31 所示。

图 4-31　黄山旅游（600054）增加 2% 反转线，衡量是否反转

2017 年 4 月 28 日 9：35，股价直接低开，直接导致 2%反转线被跌穿，这样就需要再看 5%线有没有被跌穿，如果跌穿了，有可能是第一次深跌出现了，如图 4-32 所示。

图 4-32 黄山旅游（600054）低开直接跌穿

调出最高价下跌 5%的一条水平线，也就是 0.95 倍线，如图 4-33 所示。

图 4-33 黄山旅游（600054）观察是否向下反转了 5%

2017年4月28日14：10，股价一度尝试向上反弹，但没有上涨多少就反转向下了，在最近15分钟，股价已经跌到了此前低开的最低价格水平之下，如果股价还下跌，那将可能跌穿5%反转线的支撑，如图4-34所示。

图4-34 黄山旅游（600054）股价没有能力上涨

2017年5月2日9：45，股价坚持不了了，直接在最近10分钟内跌穿了5%反转线的支撑，这可能就是第一个深跌吧，如果紧跟着再来一次深跌5%，就可以确认二次深跌模式成立了，如图4-35和图4-36所示。

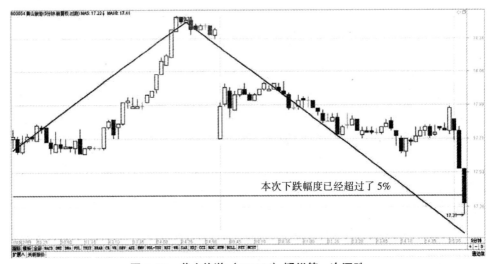

图4-35 黄山旅游（600054）疑似第一次深跌

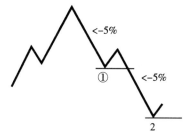

图 4-36 黄山旅游（600054）二次深跌完成度

2017 年 5 月 2 日 14：50，股价随后并没有上涨多少，那么未来会不会继续下跌呢？重要的是下跌会不会超过 5%呢？如图 4-37 所示。

图 4-37 黄山旅游（600054）股价反弹的幅度并不大

所谓 5%反转线，即当前最高的低点价位的 0.95 倍，标出这个线，可以衡量未来是否出现了第二次深跌，如图 4-38 所示。

继第一次深跌之后，股价并没有紧跟着再下跌超过 5%以上的波段，所以不符合二次深跌模式的要求，我们必须重新寻找二次深跌模式的踪迹，如图 4-39 所示。

图 4-38 黄山旅游（600054）标出 5%反转线，方便盘中观测

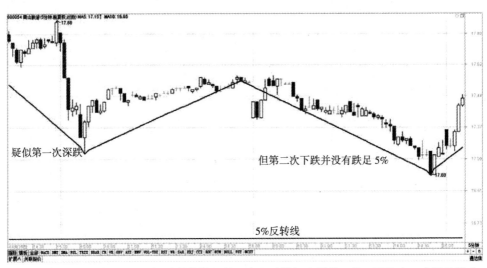

图 4-39 黄山旅游（600054）此前的疑似第一个深跌被证实是单一的，不符合二次深跌模式

　　数个交易日以来，股价一直在横向震荡，上下幅度并不大，距离 5%的变动还有很大差距，如图 4-40 所示。

图4-40 黄山旅游（600054）重新衡量二次深跌

就在窄幅震荡一段时间后，股价向上突破区间上延，并且这一涨就是6%，那么以后会不会下跌反转超过5%呢？这就需要用0.95倍线来衡量了，如图4-41所示。

图4-41 黄山旅游（600054）窄幅震荡结束，上涨6%

如图4-42所示，我们标出了当前最高低点的0.95倍线，这是用于衡量未来行情能不能跌穿该线，如果跌穿这条线，就说明疑似第一次深跌已被确认。如果连着出现第二次下跌超过5%，则可以确认二次深跌模式已经确认，并可做出交易决策，如图 4-42 所示。

图 4-42　黄山旅游（600054）标出 5% 反转线

2017 年 5 月 24 日 10：50，股价经过连续下跌后，已经跌穿了 5% 反转线，也就是说，这一波下跌很可能是二次深跌模式的第一次下跌，如图 4-43 和图 4-44 所示。

图 4-43　黄山旅游（600054）下跌超过了 5%，疑似第一次深跌

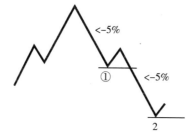

图4-44　黄山旅游（600054）二次深跌完成度

2017年5月31日9：40，股价经过一段小涨后开始回落，以当前最高的低点价格起计算0.95倍，如图4-45所示。

图4-45　黄山旅游（600054）继第一次深跌之后，股价反弹幅度并不大

2017年6月1日10：45，股价连续两次跌幅超过5%，已经形成了二次深跌的买入模式，接下来就是寻找具体的买点，如图4-46和图4-47所示。

对比这两次深跌的波段来看，幅度越来越大，天数越来越少，趋势越来越陡，所以我们决定用最简单的突破下降趋势作为日后的买点，一旦股价向上突破下降趋势线，就可以买入该股。当然，如果在此之前有其他指标发出买入信号，也可以优先考虑，如图4-48所示。

图 4-46 黄山旅游（600054）5%反转线被跌破，二次深跌模式得到确认，可以伺机买入

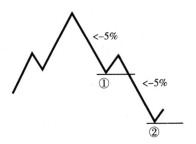

图 4-47 黄山旅游（600054）二次深跌完成度

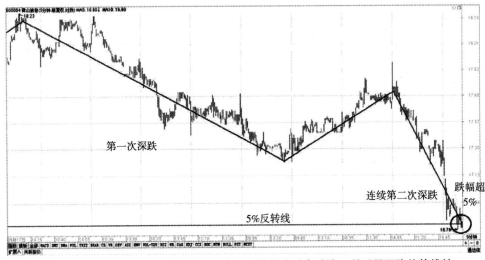

图 4-48 黄山旅游（600054）由于两次下跌的幅度越来越陡，所以用下降趋势线被
突破作为买点

股价虽然没有突破下降趋势线，但是在 MACD 指标上看到已经出现了较为可靠的底背离买入信号，这时我们可以提前买入该股，如图 4-49 所示。

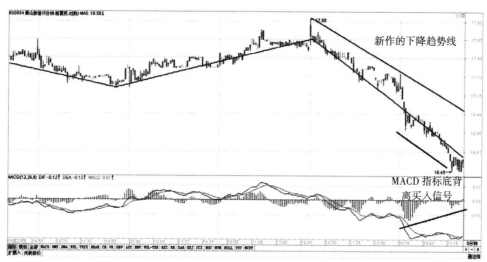

图 4-49　黄山旅游（600054）虽然下降趋势线未被突破，但 MACD 指标已经发出买入信号，买入

我们已经买入了该股，接下来就是持股和等待卖出时机的出现，如图 4-50 所示。

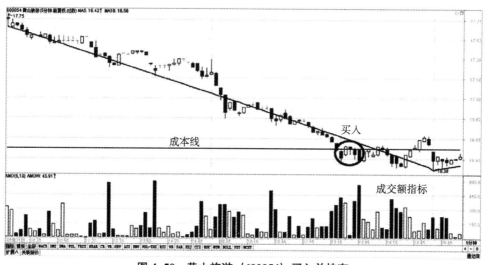

图 4-50　黄山旅游（600054）买入并持有

买入大约四个交易日后，股价逐渐慢慢走高，但是在成交额或成交量指标上

看，却发现股价不断创出新高的同时，而量能却出现相反的形态，不管什么原因，因为股市永远不缺机会，还是落袋为安的好，如图4-51所示。

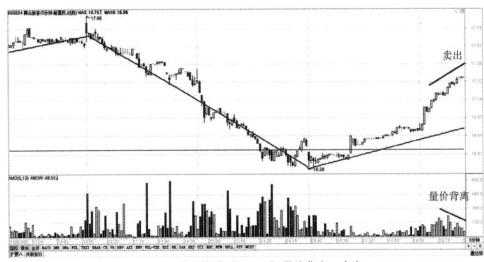

图4-51 黄山旅游（600054）量价背离，卖出

本次二次深跌模式，我们的买入成本价为16.56元，而之后量价背离时的卖出价为17.25元，本次交易获得4%的利润，不要觉得这个太少了，因为总比亏损好，放好心态，避免急躁，才能保持冷静，做好该做、能做的事，如图4-52所示。

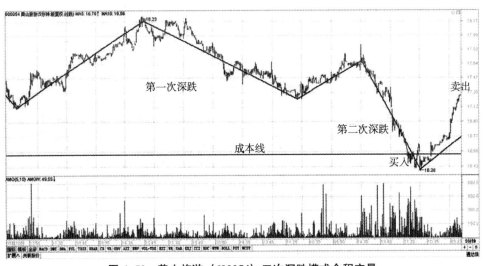

图4-52 黄山旅游（600054）二次深跌模式全程交易

三、上港集团（600018），15分钟走势图

股价在前期曾经有过一段下跌，并且跌幅也超过了 5%，可是最近一段的下跌尚未跌足 5%，也就是说，有可能二次深跌模式尚未形成，如图 4-53 所示。

图 4-53　上港集团（600018）前期分析

目前股价已经进入新的上升趋势中，因为此前已经否认了二次深跌的形态，所以现在开始得重新等待二次深跌模式的出现，如图 4-54 所示。

2016 年 11 月 25 日 10 时 30 分，股价开始有所回调，但是回调的幅度不大，还未超过 5%，甚至不足 3%，那么也就不会是第一次的深跌了，还需要继续等待二次深跌模式的出现，如图 4-55 所示。

图 4-54　上港集团（600018）进入上升阶段

图 4-55　上港集团（600018）下跌不足 3%

　　2016 年 11 月 29 日 14：30，股价创出新高，并且带动最低点也向上创出了最低点的新高，假如未来行情能下跌超过 5%，那么就有可能是第一次深跌，如图 4-56 所示。

　　当前最高的低点价位是 5.26 元，以此价位计算 0.95 倍，即为此价格反转下跌 5% 的标准线，如果后面的行情能跌破这个价位，就说明可能进入了二次深跌模式的第一次深跌，如图 4-57 所示。

图4-56　上港集团（600018）创出新高的同时也带动了最低点的抬高

图4-57　上港集团（600018）标出5%反转线，用以确认是否深跌

　　2016年12月12日10：15，价格经过连续下跌后，逐渐跌破了之前计算的5%反转线的支撑，本次下跌很有可能是二次深跌模式中的第一次深跌，接下来要留意下一波的下跌跌幅够不够5%或下跌更多，如图4-58所示。

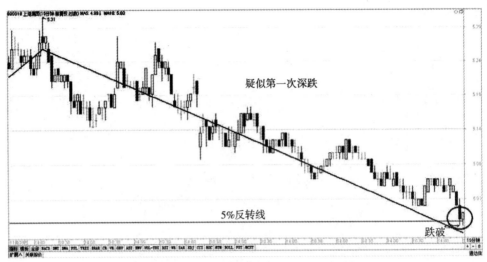

图 4-58　上港集团（600018）标出 5% 反转线，用以确认是否深跌

2016 年 12 月 15 日 14∶00，股价创出了下跌以来的最低价位 4.86 元，我们以这个最新的低点计算一下它的 1.02 倍，如果将来行情能超过该低点的 1.02 倍线时，就说明股价进入了新一轮的上升波段中，距离第二次下跌也就不远了，如图 4-59 和图 4-60 所示。

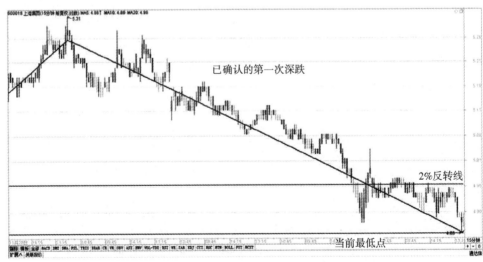

图 4-59　上港集团（600018）标出 2% 反转线，衡量是否转入上升波段

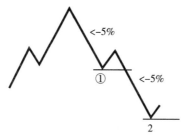

图 4-60 上港集团（600018）二次深跌模式完成度

2016 年 12 月 19 日 13：45，股价在最近曾两次尝试向上突破 2%反转线的限制，可是两次都没有成功，如图 4-61 所示。

图 4-61 上港集团（600018）标出 2%反转线，再次衡量是否转入上升波段

2016 年 12 月 22 日 10：00，股价在此前两次突破失败之后，再次突破了 2%反转线，并且这次是真的站上了 2%反转线之上，这样我们就确认行情反转进入了上升波段中，如图 4-62 所示。

2016 年 12 月 22 日 13：30，就在反转上升 2 小时后，股价的最高低点水平抬高到了 5.01 元，该价格下跌 2%，即 0.98 倍。如果未来不再创出新高，那么 5.01 元的 0.98 倍被跌破，就说明行情转入下跌波段。然后再衡量是否跌足 5%，如图 4-63 所示。

图 4-62　上港集团（600018）标出 2% 反转线，确认行情转入上升波段

图 4-63　上港集团（600018）利用最高低点的 0.98 倍，衡量是否反转进入下跌波段

2016 年 12 月 26 日 9：45，价格跌破了 2% 反转线，证明行情进入了下跌波段中，接下来就要注意行情是否跌足 5% 或者跌得更多，如图 4-64 所示。

图 4-64 上港集团（600018）下跌超过 2%，行情反转进入下跌波段

为了更好地观察行情是否跌足 5%，我们可以标出当前最高低点价格的 0.95 倍线，如图 4-65 所示。

图 4-65 上港集团（600018）标出最高的低点的 5%反转线

由于多次未跌破 5%反转线，而且已经出现多次 2%反转，说明此前怀疑是二次深跌模式的第一波深跌是不可信的，因为二次深跌模式需要连续两次深跌，而目前的情况是不符合要求的，如图 4-66 所示。

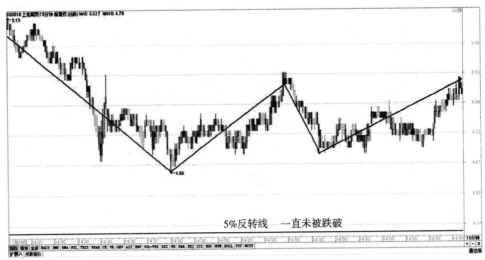

图 4-66　上港集团（600018）二次深跌模式被排除

2017 年 1 月 16 日 10：00，股价在前一波上涨后开始回调，但是目前的回调幅度还不够深，如图 4-67 所示。

图 4-67　上港集团（600018）回调幅度太小

2017 年 2 月 16 日 10：00，股价进入了大幅上升波段中，未来会不会来一波大幅度的下跌呢？有待观察，如图 4-68 所示。

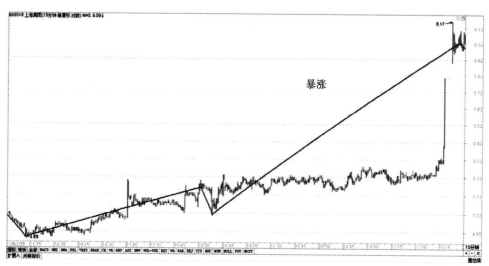

图 4-68　上港集团（600018）暴涨

2017 年 2 月 17 日 9：45，股价跌穿了 2% 反转线，说明行情进入了新一轮的下跌波段中，如图 4-69 所示。

图 4-69　上港集团（600018）2%反转线被跌穿，行情进入新的下跌波段

标出 5% 反转线，用来衡量股价有没有跌足 5% 或更多，用于分析是否属于二次深跌的第一次深跌，如图 4-70 所示。

图 4-70   上港集团（600018）标出 5% 反转

2017 年 2 月 22 日 10：30，股价跌破了 5% 反转线，表示这一次下跌符合深跌模式的要求，如果以后紧跟着再来一次深跌，就可以确认为二次深跌模式了，如图 4-71 和图 4-72 所示。

图 4-71   上港集团（600018）第一次下跌超过 5%

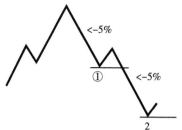

图 4-72　上港集团（600018）二次深跌模式完成度

2017 年 2 月 24 日 14：00，股价发力上涨，但是之后 30 分钟内一直停留在高位，未能再创新高。如果将来行情不再创新高，那么就有可能进入新一轮的下跌波段，如图 4-73 所示。

图 4-73　上港集团（600018）回涨幅度不大，很可能将进入下一次下跌波段

2017 年 2 月 24 日 14：45，股价将最低点抬高至 5.96 元，用该价格的 0.98 倍判断股价是否已经进入了下跌波段中，如图 4-74 所示。

图 4-74　上港集团（600018）标出 2% 反转线，衡量行情是否真的进入下跌波段

2017 年 2 月 27 日 10∶30，股价一度尝试跌破该反转线，但是没有跌到位就反弹了回去，如图 4-75 所示。

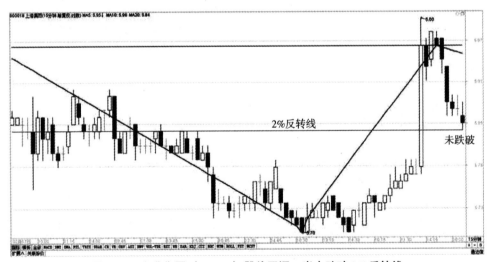

图 4-75　上港集团（600018）股价回调，尚未跌破 2% 反转线

2017 年 2 月 27 日 10∶45，股价再次跌破 2% 反转线，这时我们需要调出 5% 反转线，用以衡量是否符合第二次深跌的要求，如图 4-76 所示。

如果股价跌破了这条 5% 反转线，则说明本次下跌符合深跌要求，连同上一次已确认的第一波深跌，就很可能符合了二次深跌的全部要求，如图 4-77 所示。

图 4-76　上港集团（600018）跌破 2% 反转线，确认进入下跌波段

图 4-77　上港集团（600018）观察 5% 反转线是否被跌穿

2017 年 3 月 2 日 14：30，股价总算跌破了 5% 反转线，这就确认了本次下跌属于深跌，连同之前一次深跌，两次连续的深跌符合了二次深跌模式，可以寻找买入点了，如图 4-78 和图 4-79 所示。

随后股价在 5% 反转线上徘徊多时，指标上也未发现较好的买点，还是继续等等吧，有好的信号出现时再买入，如图 4-80 所示。

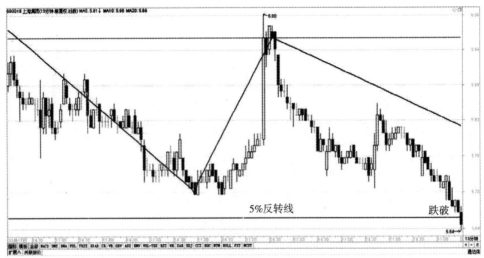

图 4-78　上港集团（600018）本次下跌幅度超过 5%

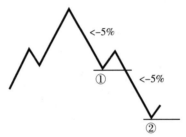

图 4-79　上港集团（600018）二次深跌模式完成度

图 4-80　上港集团（600018）MACD 指标尚未出现买点

2017年3月10日9：45，股价不断创出新低，同时在MACD指标上，红绿柱指标却出现了底背离看涨买入信号，为安全起见，还是分批建仓为好，那么就买入三成，如图4-81所示。

图4-81 上港集团（600018）买点出现，分批买入

2017年3月10日13：30，股价仍不断创出新低，MACD指标在之前的红绿柱底背离信号之后又出现了黄白线指标上的底背离买入信号，所以现在再次用三成资金买入该股，如图4-82所示。

图4-82 上港集团（600018）MACD黄白线底背离，再买入三成

2017 年 3 月 13 日 11：00，MACD 指标第三次发出底背离买入信号，连同前两次一起，一共买入了全部筹码，十成的仓位，计算一下成本为 5.48 元，如图 4-83 所示。

图 4-83　上港集团（600018）MACD 指标第三次发出买入信号，再买入三成或全仓交易

随后股价一直在成本线之下徘徊了一段时间，虽然低于成本线，但账面上并没有亏损多少，继续持股待涨，如图 4-84 所示。

图 4-84　上港集团（600018）持股不动

此次股价向上突破长期下降趋势线的压制，本来可以作为买入依据的，可是我们已经买入了全部筹码，所以这次的突破不需要再买入了，仍然持股待涨，如图 4-85 所示。

图 4-85 上港集团（600018）股价突破下降趋势线的压制

2017 年 3 月 24 日 10：00，一个大阳线一连创出近期的新高，本身也是一个买点，可是我们已经用完了全部筹码，所以仍持股待涨，如图 4-86 所示。

图 4-86 上港集团（600018）大阳线突破

2017 年 3 月 24 日 13：30，股价接连创出新高，各项指标也未发出卖出信号或不利信号，所以还需要耐心持股，如图 4-87 所示。

图 4-87　上港集团（600018）再创新高

2017 年 3 月 27 日 10：45，股价接连三次创出新高，可是在 MACD 指标上却看到发出了顶背离的看跌卖出信号，不管怎样，"落袋为安"的好，至少卖出三成，当然，我们因为看中了另一只个股，所以在这只个股上我们是全仓清空，如图 4-88 所示。

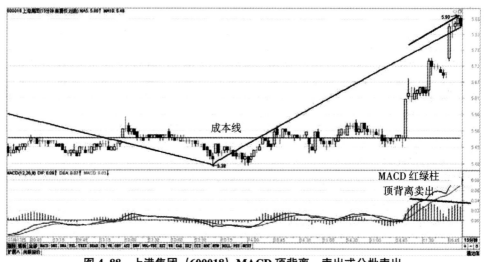

图 4-88　上港集团（600018）MACD 顶背离，卖出或分批卖出

本次交易我们的买入成本价为 5.48 元，随后 MACD 指标顶背离时，我们决定卖出，卖出价是 5.89 元，那么本次交易获利多少呢？7.4%，相当不错的成绩，如图 4-89 所示。

图 4-89 上港集团（600018）二次深跌模式全程交易

四、大众交通（600611），5 分钟走势图

个股大众交通（600611）前期处于上升趋势之中，目前略微有所回调，如图 4-90 所示。

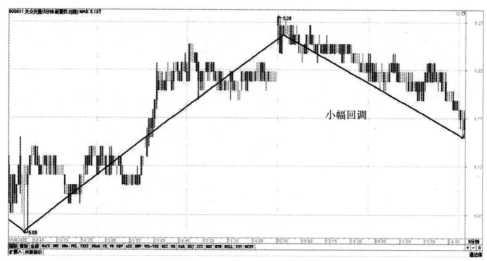

图4-90 大众交通（600611）前期分析

2017年6月9日，股价直接暴涨向上拉升到更高的高点，如图4-91所示。

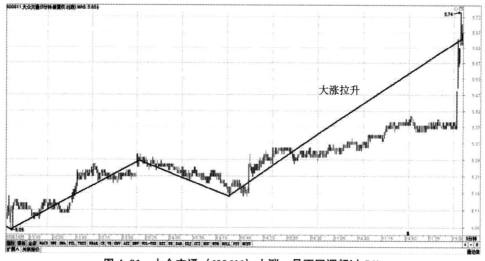

图4-91 大众交通（600611）大涨，是否回调超过5%

如图5-92所示，股价回调超过了5%，但是是不是第一次深跌呢？这个还不好说，还需要后续走势才能印证，如图4-93和图4-94所示。

图 4-92　大众交通（600611）是否第一次深跌

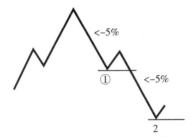

图 4-93　大众交通（600611）二次深跌模式完成度

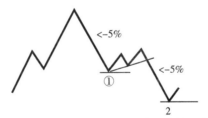

图 4-94　大众交通（600611）类二次深跌模式完成度

　　股价随后再次创出了新高，之前预计的二次或类二次深跌模式的第一次深跌是不成立的，我们还需要等待股价大幅回调，如图 4-95 所示。

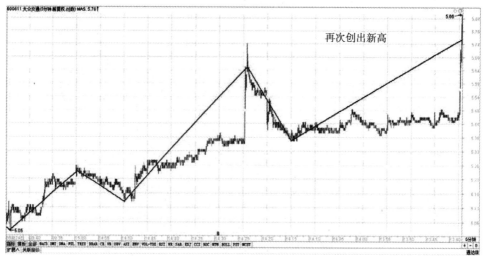

图 4-95 大众交通（600611）再创出新高

本次股价大幅度下跌，并且跌幅超过了 5%，可以认为本次下跌就是二次深跌或类二次深跌模式的第一次深跌，如图 4-96~图 4-98 所示。

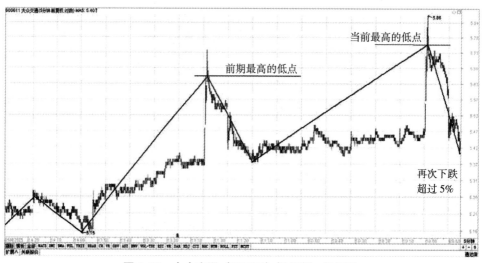

图 4-96 大众交通（600611）疑似新一轮深跌

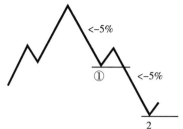

图4-97 大众交通（600611）二次深跌模式完成度

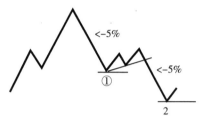

图4-98 大众交通（600611）类二次深跌模式完成度

本次股价在之前大幅度下跌之后，开始缓慢地、略微向上地来回震荡，幅度不大，但耗时较长，如图4-99所示。

图4-99 大众交通（600611）耗时较长的回调波段

标出0.98倍线是为了观察股价有没有反转超过2%，如果跌破了，则说明行情进入新一轮的下跌波段中，也就有可能下跌超过5%，进而确认二次深跌模式，如图4-100所示。

图 4-100　大众交通（600611）标出当前回调波段中的最高低点的 0.98 倍线

这次股价下跌跌穿了 2% 反转线，表明行情已经反转向下了，但是有没有可能再往下跌更多呢，如图 4-101 所示。

图 4-101　大众交通（600611）2% 反转，确认进入下跌波段

我们重新调整了 5% 反转线，用以衡量股价此次下跌波段的跌幅有没有跌足 5% 或更多。如果跌破了，就可以确认这次属于二次深跌模式，如图 4-102 所示。

图 4-102 大众交通（600611）标出 5% 反转线

2017 年 7 月 17 日 9：45，新的一天一开盘就直接向下跌穿了 5% 反转线的支撑，这说明本次的二次深跌模式是成立的，接下来我们可以寻找买点了，如图 4-103 和图 4-104 所示。

图 4-103 大众交通（600611）跌穿 5% 反转线

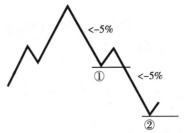

图 4-104　大众交通（600611）二次深跌模式完成度

2017 年 7 月 17 日 14 时 35 分，MACD 指标发出底背离买入信号，买入价格为 5.19 元，用了全部的资金，如图 4-105 所示。

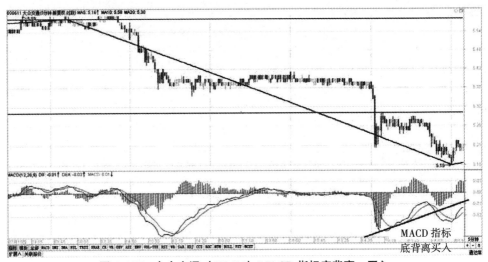

图 4-105　大众交通（600611）MACD 指标底背离，买入

2017 年 7 月 24 日 14 时 5 分，MACD 指标发出顶背离卖出信号，我们因为其他原因急于卖出该股，所以在这个信号发出后，就立马卖出了该股，卖出价格为 5.47 元，如图 4-106 所示。

图 4-106 大众交通（600611）MACD 指标顶背离，卖出

本次交易买入价为 5.19 元，在 5.47 元卖出。本次获利 5.3%，如图 4-107 所示。

图 4-107 大众交通（600611）二次深跌模式全程交易

第五章　类二次深跌模式

为什么第四章的模式叫二次深跌。

因为上一章的模式是深跌—小涨—再深跌。

两次深跌之间只有一段小幅度的反弹。

本章所讲的和前一章的二次深跌模式有些类似，但是两次深跌之间可以有多个小幅度的反弹，不过这些波段必须处在一个上升趋势之中，所以这个模式我们称之为半二次深跌模式或类二次深跌模式，如图 5-1 所示。

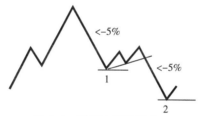

图 5-1　类二次深跌模式

买入点：

（1）有多个指标给出看好信号或反转信号。

（2）突破下降趋势线或均线。

（3）第一点必须要有，第二点可以加仓或补仓。

卖出点：

（1）价量背离，卖出。

（2）跌破上升趋势线或均线的支撑，卖出。

（3）反转波下跌超过 2%，卖出。

（4）有指标发出顶背离信号，卖出。

下面用两个案例完整地讲解整个交易过程。

一、兴业股份（603928），15分钟走势图

首先观察最近最高的低点是不是比前一次最高的低点高，如果最近的高点比前一个高，则可以开始计数了，本次下跌的跌幅已经超过5%，目前来看符合深跌的要求，暂且视为第一次深跌，如图5-2和图5-3所示。

图5-2　兴业股份（603928）前期分析

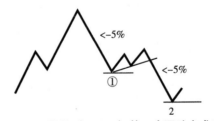

图5-3　兴业股份（603928）第二次深跌完成度

2017年6月2日9∶45，股价连续创出新低，本次下跌的跌幅已经超过了5%，并且目前来看下跌接近13%，跌得非常凶了，如图5-4所示。

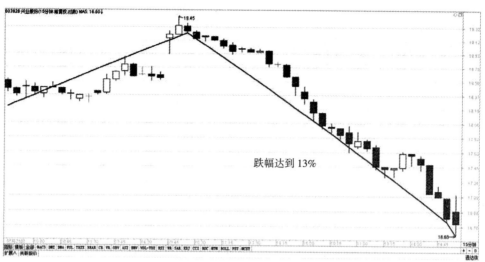

图5-4　兴业股份（603928）第一次深跌就跌了13%

　　标出2%反转线，用来观察未来行情的最低点会不会超过这条线。如果最低价突破了2%反转线，那么就说明反弹上涨的波段已经来临，如图5-5所示。

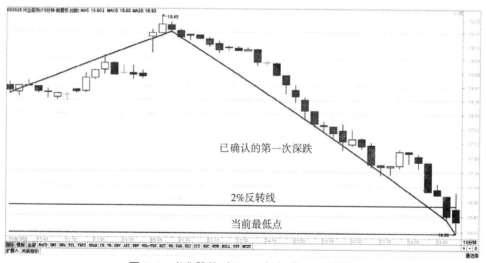

图5-5　兴业股份（603928）标出2%反转线

　　2017年6月2日11：00，该股股价多次向上突破了2%反转线，可是仔细观察可以看出，最低价并没有真正站于其上，还不能称之为突破进入上涨波段，还需要观察和等待，如图5-6所示。

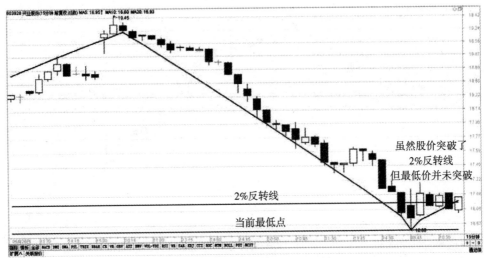

图 5-6　兴业股份（603928）尚未突破

2017 年 6 月 2 日 11∶15，股价的最低点成功站在 2%反转线之上，标志着行情进入了上升波段，如图 5-7 所示。

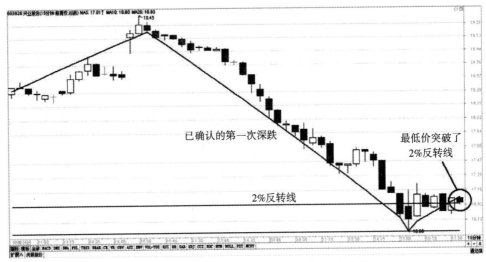

图 5-7　兴业股份（603928）有效突破 2%反转线

2017 年 6 月 5 日 10∶45，股价累计上涨了一段，最高的低点也在不断得到抬高，该最高低点的 0.98 倍就是用来判断行情是否反转下跌的水平线，如图 5-8 所示。

图 5-8 兴业股份（603928）有效突破 2%反转线（一）

2017 年 6 月 5 日 13：45，股价没能再创新高，而是开始回调，并一度紧贴 2%反转线之上，虽然尚未跌穿，但距离十分近，下一个或多个 15 分钟内难保股价不会再往下跌一点，所以将来被跌穿的概率还是很高的，如图 5-9 所示。

图 5-9 兴业股份（603928）有效突破 2%反转线（二）

2017 年 6 月 5 日 14：00，股价开始回调，并且确认已经进入下跌波段，这就要看以后行情能否下跌超过 5%以形成二次深跌模式，或者只是小幅下跌然后再向上涨，如图 5-10 所示。

图 5-10　兴业股份（603928）股价回调

　　2017 年 6 月 6 日 9：45，股价在当前最高的低点和其 2%反转线之间震荡了一小时后，开始回调，并且创出了此前更低的新低，未来走势有可能直接跌过 5%反转线，也有可能向上震荡一段，然后再下跌，如图 5-11~图 5-13 所示。

图 5-11　兴业股份（603928）再创新低

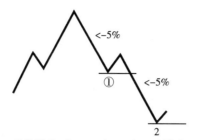

图 5-12　兴业股份（603928）二次深跌模式完成度

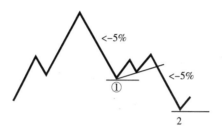

图 5-13　兴业股份（603928）类二次深跌模式完成度

2017 年 6 月 6 日 10：00，略有回升，我们将当前的最低点价格 17.25 元作为起点，计算其 1.02 倍，然后在指标上标出一条水平线，如果以后的行情能突破这条线，说明行情再次进入上升波段，那么如果是这样的话，二次深跌模式将被排除，不过类二次深跌模式还是有可能的，如图 5-14 所示。

图 5-14　兴业股份（603928）标出 2％反转线

2017年6月6日10:45，股价向上突破了2%反转线，不过最低价尚未突破这条2%反转线，如图5-15所示。

图5-15　兴业股份（603928）股价向上突破（一）

2017年6月6日14:00，股价来回震荡了一段后，最终带动了最低价站在了2%反转线之上，表明行情将进入下一轮的上升波段中，如图5-16和图5-17所示。

图5-16　兴业股份（603928）股价向上突破（二）

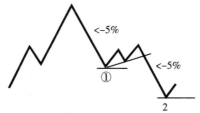

图 5-17　兴业股份（603928）类二次深跌模式完成度

2017 年 6 月 7 日 10：00，股价创出之前一波上升波段高点的新高，这时可以随时关注最高的低点是否回调超过了 2% 或 5%，如图 5-18 和图 5-19 所示。

图 5-18　兴业股份（603928）创出新高

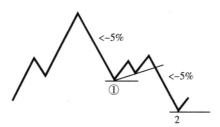

图 5-19　兴业股份（603928）类二次深跌模式完成度

2017 年 6 月 7 日 10：00，当前股价最高的低点是 17.8 元，它的 0.98 倍线就是 2% 反转线了，在主图上标出这条线。如果行情还不断带动最低价创出新高，这个标准仍将上升至最高的低点上，并且 0.98 倍线以最高的低点为起点计算，如图 5-20 所示。

图 5-20　兴业股份（603928）以最高的低点计算 2% 反转线

2017 年 6 月 7 日 14：30，当前股价最高的低点抬高至 18.32 元，它的 0.98 倍线就是最新的 2% 反转线，在主图上标出这条线，如果股价未来跌破这条线，就说明进入了新一轮的下跌波段中，至于是否符合深跌的要求，这要看实际行情的走势了，如图 5-21 所示。

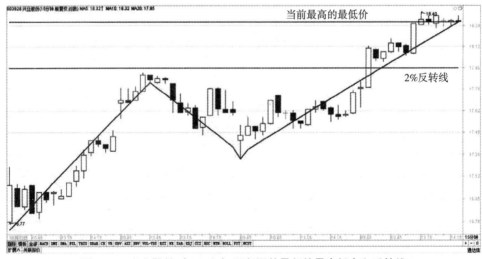

图 5-21　兴业股份（603928）不断调整最新的最高低点和反转线

2017 年 6 月 8 日 14：15，股价的最低点已经跌穿了 2% 反转线，证实行情进入了下降波段中，是否能下跌超过 5% 呢？如果不能则前面所有的准备将是徒劳的，如果下跌真能跌过 5% 以上，那么就符合类二次深跌模式的全部要求，如图 5-22 所示。

图 5-22　兴业股份（603928）跌破进入下跌波段

标出 5% 反转线，即 0.95 倍线，用于评价股价是否跌足 5%，如果股价未来能跌破它，则说明已经完全符合了类二次深跌模式的全部要求，如图 5-23 所示。

图 5-23　兴业股份（603928）标出 5% 反转线

2017 年 6 月 13 日 11：15，股价最低下探到了 17.55 元价位之后就再也没有往下创出新低，而是横走一段时间后，向上反转了 2% 反转线，表明此前预计的类二次深跌模式也是不可信的，这样的情况经常发生，二次深跌或类二次深跌模式都不是经常出现，所以跟踪时经常会扑空，只能等待，不能急于求成，如图 5-24 所示。

图 5-24 兴业股份（603928）未能跌破 5% 反转线

随后股价连续走高，如果有其他指标或技术能坐上这班车当然好，但是就类二次深跌模式来说，这是一次失败的经历，不过好在我们没有介入其中，也不会为此遭受损失，如图 5-25 所示。

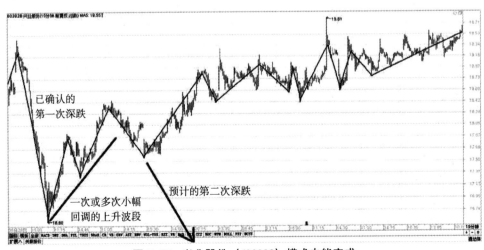

图 5-25 兴业股份（603928）模式未能完成

2017 年 7 月 7 日 13：30，当前最高的低点是 19.55 元，其反转 2% 的价位是 19.16 元，在图上标出方便今后观测，如图 5-26 所示。

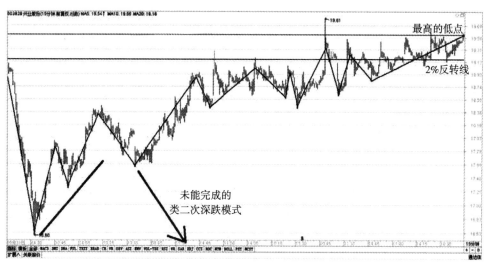

图 5-26　兴业股份（603928）重新开始

2017 年 7 月 10 日 9：45，股价大幅下跌，直接跌穿了 2% 反转线的支撑，标志着行情将进入新一轮的下跌波段，如图 5-27 所示。

图 5-27　兴业股份（603928）进入下跌波段

为了方便观察此次下跌波段的跌幅是不是超过了 5%，标上相应的 5%反转线，如果跌破这条线，我们又可以期待新的二次或类二次深跌模式的出现，如图 5-28 所示。

图 5-28　兴业股份（603928）2%反转线被跌破后，再标出 5%反转线

2017 年 7 月 10 日 14：45，价格连续暴跌之后，向下轻松地击穿了 5%反转线，表明此次下跌波段很可能就是二次或类二次深跌模式的第一次深跌，如图 5-29~图 5-31 所示。

图 5-29　兴业股份（603928）疑似二次深跌模式的第一次深跌得到确认

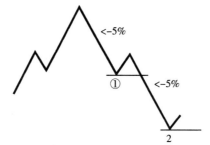

图 5-30　兴业股份（603928）二次深跌模式完成度

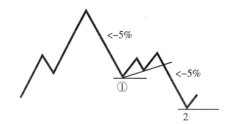

图 5-31　兴业股份（603928）类二次深跌模式完成度

2017 年 7 月 11 日 15：00，一连串的下跌已经让跌幅超过了 10%，下一个交易日会不会反弹呢？如图 5-32 所示。

图 5-32　兴业股份（603928）暴跌创出最低的低点

2017 年 7 月 12 日 9：45，股价大幅离开了上一个交易日所创下的低点价位，幅度上也超过了 2%，确认已经进入了上升波段中，如图 5-33 所示。

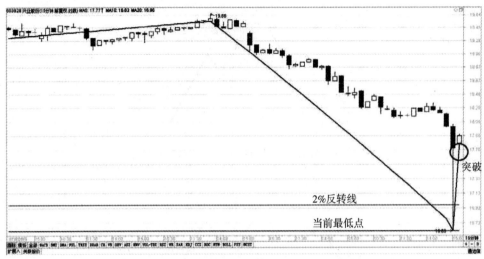

图 5-33 兴业股份（603928）反转 2%，进入上涨波段（一）

2017 年 7 月 12 日 11：00，股价当前的最高低点是 17.77 元，它的 0.98 倍线正好被最近 15 分钟的股价跌穿了，表明这次的回涨就此结束，行情进入新一轮下跌波段中，如果这次下跌能跌足 5%或更多，那么就可以确认二次深跌模式了，如图 5-34 所示。

图 5-34 兴业股份（603928）反转 2%，进入上涨波段（二）

2017 年 7 月 12 日 14：15，股价并没有跌多少，然后又反转向上，带动最低点向上突破了 2%反转线，将行情再次引入上涨波段中去，如图 5-35 所示。

图 5-35　兴业股份（603928）向上反转 2%，进入上涨波段（一）

2017 年 7 月 13 日 9：45，股价不断创出新高，同时也带动了最低价不断创出新高，这时我们就要留意未来行情会不会反转，先用 2% 反转线去衡量，如图 5-36 所示。

图 5-36　兴业股份（603928）向上反转 2%，进入上涨波段（二）

2017 年 7 月 14 日 11：15，股价再次向下反转跌破了 2% 反转线的水平支撑，未来将进入新一轮的下降波段中，如图 5-37 所示。

为了更好地跟踪行情，我们标出 5% 反转线的位置。如果行情能跌破该线，则说明最近的形态符合类二次深跌模式，如图 5-38 所示。

图 5-37　兴业股份（603928）向下反转 2%，进入新一轮下跌波段

图 5-38　兴业股份（603928）标出 5% 反转线

2017 年 7 月 17 日 9：45，股价在开盘后的前 15 分钟直接就向下跌穿了 5% 反转线，也就为我们确认了本次的类二次深跌模式，可以寻找买点买入了，如图 5-39 和图 5-40 所示。

我们喜欢用 MACD 指标来观察背离信号作为买卖点，该指标的背离信号还是相当可靠的，如图 5-41 所示。

图 5-39　兴业股份（603928）确认第二次深跌

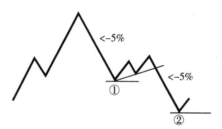

图 5-40　兴业股份（603928）类二次深跌模式完成度

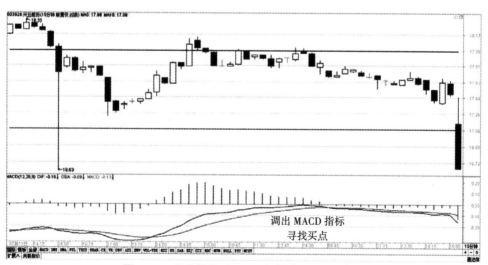

图 5-41　兴业股份（603928）调出 MACD 指标

2017 年 7 月 17 日 14：30，在 MACD 指标上我们看到了红绿柱的底背离信号，由于我们提倡分批建仓，所以我们在这里买入 1/3 资金，如果后面还有信号的话再买入 1/3……直到资金全部用完，如图 5-42 所示。

图 5-42　兴业股份（603928）MACD 指标底背离，买入

2017 年 7 月 18 日 10 时 30 分，在 MACD 指标发出底背离信号不久，又发出了红绿柱的底背离买入信号，我们再次动用 1/3 的资金买入该股，如图 5-43 所示。

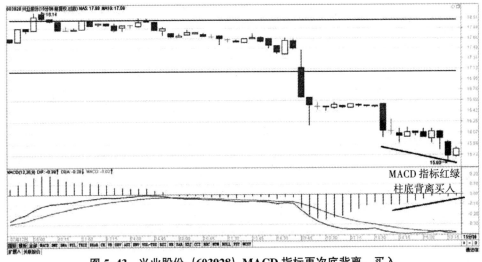

图 5-43　兴业股份（603928）MACD 指标再次底背离，买入

2017 年 7 月 18 日 11 ：00，股价突破了下降趋势线的压制，这时我们再买入 1/3 的资金，至此，我们在该股上已经是全仓操作了，如图 5-44 所示。

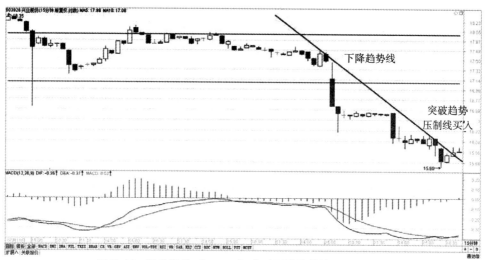

图 5-44　兴业股份（603928）突破下降趋势线压制，买入

标出成本线有利于日后观察行情，如果不利于我们，行情会向下远离成本线，如果有利，行情会向上远离成本线，如图 5-45 所示。

图 5-45　兴业股份（603928）标出成本线

2017 年 7 月 20 日 10 ：45，股价不断创出新高，但不要高兴得忘了危险，我

们要时刻保持冷静的头脑，接下来就要观察在行情上涨的同时有没有指标发出卖出信号，如果下面几根 K 线导致 MACD 指标红柱缩短的话，在 MACD 指标上就叫作顶背离卖出信号，就应该卖出，那时就决不能恋战，如图 5-46 所示。

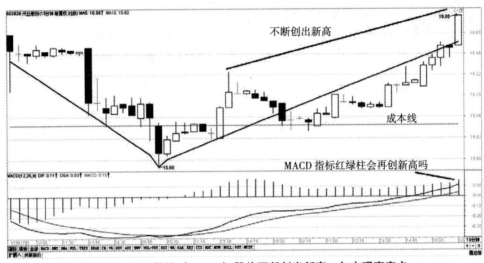

图 5-46　兴业股份（603928）股价不断创出新高，勿忘观察卖点

2017 年 7 月 20 日 11：00，股价虽然向上创出了新高，但没能坚持多久，反而转头向下跌，带动 MACD 指标的红柱缩短，这直接导致该指标发出了顶背离的卖出信号，坚决卖出空仓为妙，如图 5-47 所示。

图 5-47　兴业股份（603928）MACD 指标顶背离，坚决卖出

本次交易已经完成，并且是获利的，得到了多少利润呢？首先我们前三次买入的平均成本价格为 15.92 元，在高位 MACD 指标的顶背离卖出价格为 16.71 元，并且是一次性清仓，所以本次交易获利约 5%，虽然不多，但也不少了，见好就收，安全第一，才是最为重要的，如图 5-48 所示。

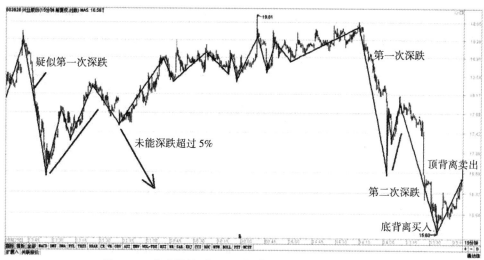

图 5-48　兴业股份（603928）类二次深跌模式全程交易

二、青岛啤酒（600600），15 分钟走势图

从近期的股价来看，在不断创出新高的同时也带动了最低点的不断抬高，如图 5-49 所示。

为了更好地跟踪行情，我们列出了当前最高的低点的 0.98 倍线，如果后续走势股价能跌破该线，则说明股价已经进入了下跌波段，然后我们再进一步测量它的下跌幅度有没有超过 5%，如图 5-50 所示。

图 5-49 青岛啤酒（600600）前期分析

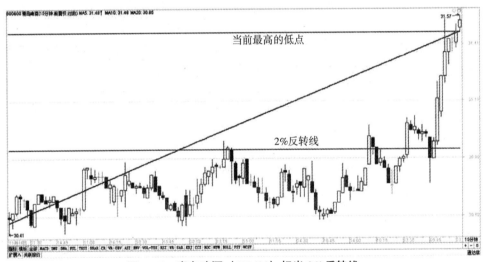

图 5-50 青岛啤酒（600600）标出 2%反转线

2016 年 11 月 29 日 15：00，就在该日收盘前 15 分钟，股价一度尝试跌破该 2%反转线，可是尾盘数分钟内好像得到了某种支撑又给反弹了上来，如图 5-51 所示。

图 5-51 青岛啤酒（600600）跌破 2%反转线后反弹

2016 年 11 月 30 日 9：45，该日一开盘就直接跌穿了 2%反转线的支撑，表明行情进入了下跌波段中，接下来就要测量下跌的幅度有没有超过 5%，如图5-52 所示。

图 5-52 青岛啤酒（600600）跌破 2%反转线

接下来标出当前最高的低点 0.95 倍线，即 5%反转线，如图 5-53 所示。

2016 年 12 月 12 日 11 时，股价跌破了 5%反转线，这就确认了疑似二次深跌模式或类二次深跌模式的第一次深跌，如图 5-54~图 5-56 所示。

图 5-53　青岛啤酒（600600）标出 5% 反转线

图 5-54　青岛啤酒（600600）疑似第一次深跌

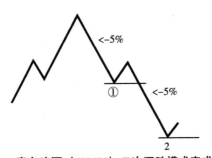

图 5-55　青岛啤酒（600600）二次深跌模式完成度

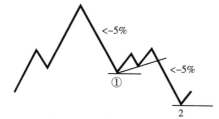

图5-56　青岛啤酒（600600）类二次深跌模式完成度

2016年12月13日10∶45，股价不断创出新低，我们也不断将最低点调整到最新的低点，然后标上该最新的低点的1.02倍线，如图5-57所示。

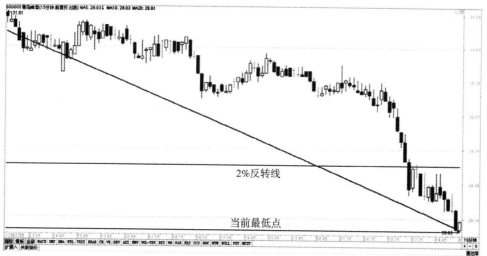

图5-57　青岛啤酒（600600）标出2%反转线

2016年12月14日10∶15，行情再次反转2%，带动最低点也站在了2%反转线之上，这就确认进入上涨波段中，假设未来跌足5%，那么就可以确认二次深跌模式成立了，如图5-58所示。

2016年12月20日10∶00，行情再次转头向下，并反转了2%，下一步行情会不会下跌超过5%呢？如图5-59所示。

图 5-58　青岛啤酒（600600）超过 2% 反转线

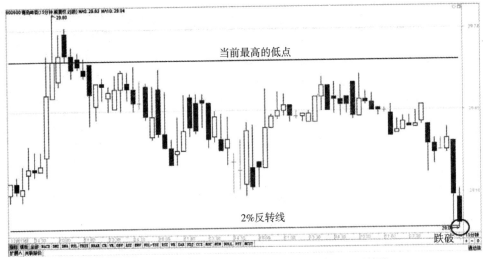

图 5-59　青岛啤酒（600600）再次反转下跌超 2% 反转线

　　将当前最高的低点价格乘以 0.95，得到 5% 反转线的价格线。如果后续的股价能跌穿到该价格水平线之下时，就可以确认二次深跌模式成立了，如图 5-60 所示。

　　2016 年 12 月 30 日 10：00，股价并没有下跌跌破之前预计的 5% 反转线水平，而是反转向上，并且幅度上也超过了 2%，表明二次深跌模式已经是不可能的了，如图 5-61 所示。

图 5-60 青岛啤酒（600600）标出 5%反转线

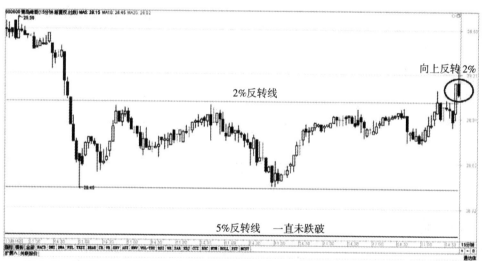

图 5-61 青岛啤酒（600600）5%反转线未被跌穿，反转上涨已经超过 2%，二次深跌模式不成立

如果使用的是均线或趋势线的话，这一波上涨是可以赚到的，但是这里要说的是二次深跌或类二次深跌模式，所以近期虽然大涨了一段，但是仍未能形成深跌模式，如图 5-62 所示。

2017 年 3 月 27 日 10：45，股价创出了更高的低点，并且不排除形成一次深跌或两次深跌的可能，如图 5-63 所示。

图 5-62　青岛啤酒（600600）随后股价开始飙升

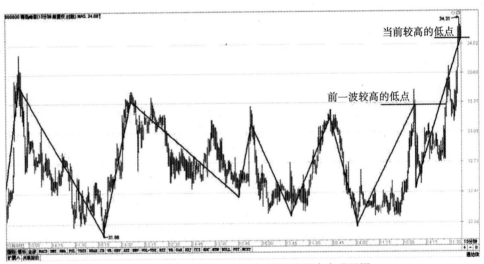

图 5-63　青岛啤酒（600600）将可能再次出现回调

　　标出当前最高的低点 0.98 倍线，可以及时察觉出价格是否向下反转超过了 2%，如果超过了，就证实行情已经反转向下进入了下跌波段，如图 5-64 所示。

　　2017 年 3 月 29 日 10 时，股价开始回调，有向下跌穿 2% 水平线的趋势，但目前还未完全跌破，如图 5-65 所示。

图 5-64　青岛啤酒（600600）标出 2% 的下跌反转线

图 5-65　青岛啤酒（600600）有向下跌破的趋势

　　2017 年 3 月 29 日 10：15，即 15 分钟后，股价跌破了 2% 反转线水平，表示行情进入了新一轮的下跌波段，如图 5-66 所示。

　　为了更好地观测股价有没有下跌超过 5%，我们特意在主图上标出了当前最高低点计算的 5% 反转线。如果后市跌破该线，那么就可以认为是二次或类二次深跌模式的第一次深跌，如图 5-67 所示。

图 5-66 青岛啤酒 (600600) 确认跌破 2% 反转线

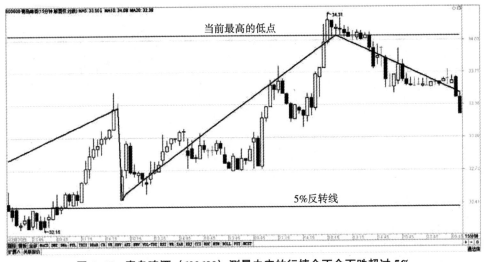

图 5-67 青岛啤酒 (600600) 测量未来的行情会不会下跌超过 5%

2017 年 3 月 30 日 13：30，股价终于向下跌穿了 5% 反转线，这个情况证明这一次深跌很可能是二次或类二次深跌模式的第一次深跌，如图 5-68~图 5-70 所示。

图 5-68 青岛啤酒（600600）确认第一次深跌

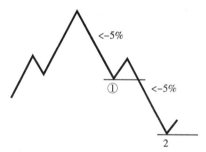

图 5-69 青岛啤酒（600600）二次深跌模式完成度

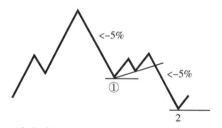

图 5-70 青岛啤酒（600600）类二次深跌模式完成度

2017 年 4 月 11 日 13：45，股价并没有因为已经下跌了 5% 就停止该下跌波段，而是继续下跌，将近下跌约 10%，这波下跌足够深了，会不会反弹一段呢？如图 5-71 所示。

图 5-71 青岛啤酒（600600）深跌

2017 年 4 月 11 日 13：45，当前最低点是 31.16 元，当然如果之后还有低点，就将该价格改为该低点，不过就目前来看，价格是 31.16 元，它的 1.02 倍线就是反转 2% 的标准线，行情有没有可能带动最低点站于其上呢？如图 5-72 所示。

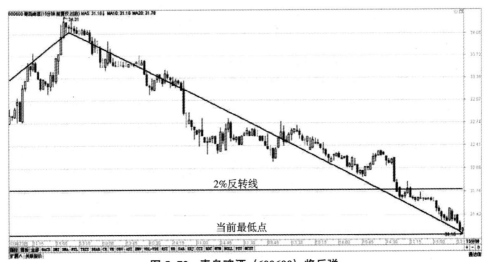

图 5-72 青岛啤酒（600600）将反弹

2017 年 4 月 12 日 14：15，股价回升突破了 2% 反转线，证明进入了上涨波段，如图 5-73 所示。

图 5-73　青岛啤酒（600600）进入上涨波段

2017 年 4 月 18 日 11：00，股价向上创出了最高的低点 32.58 元，我们以此价格计算它的 0.98 倍线，用来衡量以后的价格有没有回调超过 2%，如果跌破了，再测量有没有跌足 5%。如果满足了，就证实是二次深跌模式，如图 5-74 所示。

图 5-74　青岛啤酒（600600）创出新高

2017 年 4 月 19 日 10：00，短时间内突然暴跌，一度跌破了 2% 反转线，然后又迅速在 2% 反转线之上收盘，如图 5-75 所示。

图 5-75　青岛啤酒（600600）进入下跌波段（一）

以当前最低点 31.55 元为起点，作一条它的 1.02 倍线，如果今后行情不再创出新低，并且向上涨的话，最低价超过这条 2% 反转线时，就可以确认反转进入了新一轮的上升趋势中，如图 5-76 所示。

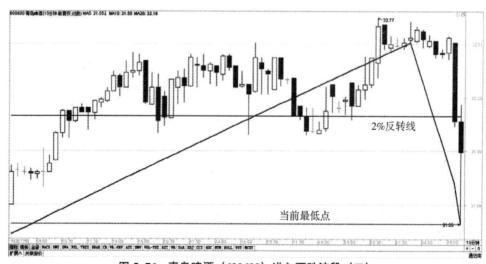

图 5-76　青岛啤酒（600600）进入下跌波段（二）

2017 年 4 月 19 日 11：00，股价尝试向上突破 2% 反转线，但目前来看，虽然股价最高价和收盘价都突破了该 2% 反转线，但最低价暂时还没有站于其上，等待下一个 15 分钟，看看最低价能不能站于该 2% 反转线之上，如图 5-77 所示。

图 5-77 青岛啤酒（600600）试图向上突破 2% 反转线

2017 年 4 月 19 日 13：30，股价上涨还是带动了最低价站于 2% 反转线之上，确认股价再次进入上涨波段里，如图 5-78 所示。

图 5-78 青岛啤酒（600600）突破 2% 反转线

2017 年 4 月 21 日 11：30，股价不断创出新高的同时，更应该时刻留意有没有回调超过 2%，用其判断行情是否进入了下跌波段中，如图 5-79 所示。

2017 年 4 月 24 日 9：45，股价开始大幅下跌，就在 15 分钟内直接跌破了 2% 反转线，标志着行情再次转入下跌波段，如图 5-80 所示。

图 5-79 青岛啤酒（600600）时刻注意股价有没有回调超过 2%

图 5-80 青岛啤酒（600600）开始回调

　　另外标出 5% 反转线，用以测量行情是否跌足了 5%，甚至更多。如果跌足 5% 或以上就可以确认类二次深跌模式出现了，如图 5-81 所示。

　　2017 年 4 月 25 日 10：30，股价没有像我们预期的那样下跌超过 5%，而是又向上反转了 2%，这标志着行情再次进入上涨波段，未来还是有可能下跌的，到时再测量有没有跌足 5%，跌足的话还是可以形成类二次深跌模式，如图 5-82 所示。

图 5-81　青岛啤酒（600600）是否跌破 5%

图 5-82　青岛啤酒（600600）没有跌破 5%，反而向上反转了 2% 以上

2017 年 4 月 25 日 15：00，股价又回到之前的相对高位，我们不能因为股价回涨就乐不思蜀，应该冷静观察和留意行情有没有可能反转下跌，故调出以当前最高的低点价位计算的 2% 反转线，如图 5-83 所示。

2017 年 4 月 26 日 13：30，价格向下跌穿了 2% 反转线的位置，会不会还要继续下跌呢？会不会跌到 5% 反转线之下呢？这就需要标出 5% 反转线，如图 5-84 所示。

图 5-83　青岛啤酒（600600）留意是否反转

图 5-84　青岛啤酒（600600）确认反转，是否会跌破 5%

标出 5% 反转线，是为了更好地观察行情的走势。如果跌破 5% 反转线，则可以确认类二次深跌模式，确认后就可以寻找买点了，如图 5-85 所示。

2017 年 4 月 27 日 10：45，价格一度跌穿 5% 反转线，因为只要是最低价跌破就算成立，所以股价实际已经进入了深跌波段中，而且跌幅已经符合了类二次深跌模式的要求，现在可以寻找买入点了，如图 5-86 和图 5-87 所示。

图 5-85 青岛啤酒（600600）跌破 5% 反转线

图 5-86 青岛啤酒（600600）反转超过 5%，类二次深跌模式的第二次深跌得到确认

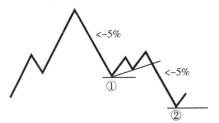

图 5-87 青岛啤酒（600600）类二次深跌模式完成度

未来的一段时间内，股价在5%反转线上挣扎，始终看不到买入点，持币为好，不要擅自入场，如图5-88所示。

图 5-88 青岛啤酒（600600）各项指标尚未出现可靠的买入信号

2017年5月3日10：30，股价再创新低，但从 MACD 指标上看，绿柱的长度并不够长，未来有一定概率会形成底背离买入信号，如图5-89所示。

图 5-89 青岛啤酒（600600）再次跌穿5%反转线，并且创出新低

2017年5月3日13：30，股价接连创出新低，并且近期股价略有收敛，而在 MACD 指标上我们看到绿柱的长度已经收短，比之前第一次跌破5%反转线时

的绿柱长度还要短，这就形成了 MACD 指标的底背离买入信号，买入 1/3 资金，如图 5-90 所示。

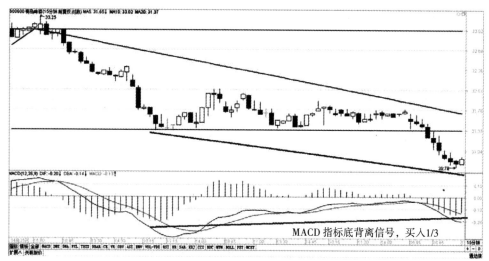

图 5-90　青岛啤酒（600600）MACD 指标底背离，买入 1/3 资金

2017 年 5 月 9 日 11：00，股价再创出新低，在 MACD 指标上可以看到绿柱的长度又开始收短，并且比之前第一次跌破 5% 反转线时的绿柱长度还要短，再次形成了 MACD 指标的底背离买入信号，所以又买入了 1/3 资金，如图 5-91 所示。

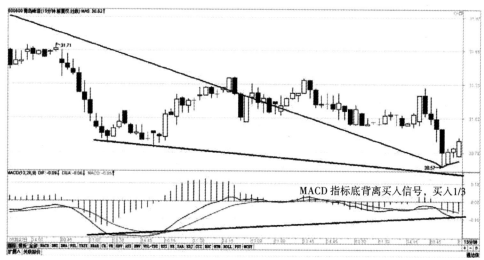

图 5-91　青岛啤酒（600600）MACD 指标再次底背离，又买入 1/3 资金

2017 年 5 月 10 日 10：30，经过 MACD 指标连续买入了两次，一共 2/3 资

金，而这次股价带量向上突破均线的压制，又买入了 1/3 资金，买入操作已经完

成了，如图 5-92 所示。

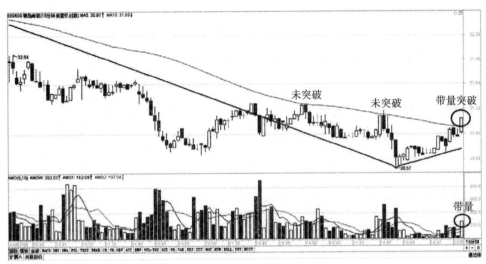

图 5-92　青岛啤酒（600600）股价向上突破均线的压制，又买入 1/3 资金

2017 年 5 月 15 日 10：45，股价不断创出新高，远离我们的成本价，这是好

事。不过从成交量指标上看，价格似乎出现了量价背离的卖出形态，是不是要卖

出呢？仔细一看，其实在上一个成交量的高点，股价还在均线之下，这样我们视

其为不可信的背离信号，所以仍然持股待涨，如图 5-93 所示。

图 5-93　青岛啤酒（600600）疑似量价背离，应该卖出

2017 年 5 月 18 日 11：15，股价不断创出新高，而量能指标出现了背离卖出信号，迅速卖出一部分手上的筹码，剩下 1/2 筹码，等待后续卖出信号的发出，如图 5-94 所示。

图 5-94　青岛啤酒（600600）量价背离，卖出

2017 年 5 月 22 日 13：30，股价不断创出新的高点，不过仔细观察之后，可以发现量能出现了顶背离卖出信号，再次卖出剩下的 1/2 筹码，那么本次交易完全结束了，如图 5-95 所示。

图 5-95　青岛啤酒（600600）量价背离，再次卖出

回顾本次交易，一共买入三次，三次的买入价格分别为 30.92 元、30.81 元、31.20 元，平均买入成本价为 30.97 元，那么卖出分成了两批，两次卖出的价格分别为 31.98 元、32.85 元，卖出的平均价为 32.41 元，本次交易获利 4.6%，如图 5-96 所示。

图 5-96 青岛啤酒（600600）类二次深跌模式交易全程

不管是多少次新低、多少次深跌，总会有更多的形态让投资者发现和总结出来，希望读者能举一反三，探索出更多的模式来。

后 记

　　股市里最不缺的是机会，但最缺的是耐心。

　　很多投资者都经历过从新手到老手的过程，新手初生牛犊不怕虎，锋芒毕露，重仓进出，一旦亏损又导致报复性交易，一亏再亏……

　　在股市摸爬滚打久了，就会让人心静，而去追求风险更低的交易模式，毕竟保本第一，没有了本钱，什么也做不了。

　　模式是死的，但它可以有无数种变形。投资者可以在实战中不断提炼出新的和属于自己、适合自己投资风格的模式。